公務員試験

過去問トレーニング

伊藤塾の
これで完成！

数的推理

KADOKAWA

伊藤塾が合格へナビゲート

注目！ いま公務員試験が変わってきています

変化のポイント

①筆記試験では大量の知識よりも理解度が試されるようになっている。

②面接などの「人物試験」の重要性がアップし，その対策に時間が必要になっている。

つまり

対応策

①分厚い問題集は不要。頻出問題や重要事項を効率良く学ぶ。

②筆記試験対策は早く終わらせる。それでも確実な理解をする。

そこで効果バツグンなのが本書です！

＼ 本書のここがすごい ／

❶ 伊藤塾の内部教材『これ完』を書籍化

伊藤塾の合格者が口をそろえて絶賛するオリジナル問題集『これで完成演習』（略称：『これ完』）をさらに使いやすくまとめました。

❷ 学習時間の負担 減

『これ完』の中から合格に必須の問題だけ厳選しているので，とてもコンパクトな問題集になっています。

❸ 合格に届く 7 割得点の実力養成

コンパクトながら合格に必要な頻出問題，重要事項を網羅しているので確実な理解を可能にします。

伊藤塾のココがすごい!!

公務員試験の合格・内定率トップ級の予備校

さあ，本書で最短ルートで合格しましょう！

2019年度の公務員試験・国家総合職［法律区分］でも1次試験合格率57.5％（受験生全体で10.8％），内定率71.0％（1次＋2次試験合格者全体で35.6％）という実績を出している伊藤塾が長年蓄積してきた試験対策のノウハウを用い，すべての公務員試験志望者のために使いやすくまとめた最強の問題集が本書です。

伊藤塾塾長 **伊藤 真**

合格ガイダンス

ポイント①

数的推理が苦手な人や初学者に最適！

　この問題集は，国家一般職，裁判所職員，国家専門職（国税専門官，財務専門官，労働基準監督官），東京都，特別区（東京23区）職員採用試験の過去問から，実際の試験で頻出の問題を厳選して掲載しています。

　公務員試験を受験する以上は，この数的推理という科目は避けて通れない科目です。しかし，数的推理が得意になるか不得意になるかは，今までの学習経験も大きく影響することから，不得意にしてしまうと克服するのに時間がかかってしまう科目です。

　この問題集は，**数的推理に苦手意識を持っている人**や，**公務員試験対策を始めて間もない人**が，**数的推理を得意科目にしていくためのサポートとして最適**です。

　この問題集を上手に利用して，数的推理を得意科目にしてください。

ポイント②

合格勉強法４つのポイントをおさえよう！

　問題演習をする際には，以下の４つのことを意識してください。

①最短で正解を出す

②理解できるまで解説をトコトン読む

③解説以外の解法も考えてみる

④同じ問題を繰り返し解く

①最短で正解を出す

　問題演習をするときには，本試験を意識した解き方で取り組むように
しましょう。

　数的推理は，「基礎能力試験」の分野に属し，「判断推理」や「資料解
釈」「文章理解」という項目とともに出題され，試験時間を教養系科目
とまとめている機関もあります。これらの項目は，いずれも**解くのに時
間を要することが多い**という傾向にあるため，**いかに数的推理の問題を
速く解くかということが，基礎能力試験の時間配分のポイント**です。

　問題演習をするときは，正解できるかどうかだけではなく，**速く正解
にたどりつくことを心掛ける**ようにしてください。

②理解できるまで解説をトコトン読む

　数的推理は，過去問と全く同じ解き方，同じ数値の問題が出ることは
ありえません。数的推理で過去問演習をする意味は，**既出の問題を演習
することを通して，未知の問題に対応できるようにする**というところが
大きいのです。つまり，問題演習を通じて，使える解法のバリエーショ

ンを豊かにしていくということが大切です。

　既出の問題の解法の意味がしっかり理解できていなければ，未知の問題を解く際に応用させることはできません。**解説の意味が理解できるまで，トコトンつきつめるようにしましょう。**

③解説以外の解法も考えてみる

　数的推理の問題は1つの問題に正解は1つですが，**使える解法は1つとは限りません。**1つの問題を解くのに，方程式を使ったり，図を使ったり，気合で書き出したりといくつもの解法がありえます。これが数的推理のややこしいところであり，魅力的なところでもあります。

　数的推理の問題がうまく解けるようになったら，**解説にある解き方以外の方法も考えてみましょう。**本書でも，伊藤塾講師による別の解法を載せていますので参考にしてください。

　解説よりも簡単に解ける方法が見つかったならば，数的推理の実力がついてきたという証拠です。ただし，最初からいくつもの解法パターンを考えるのは危険です。必ず，本書に掲載されていることを理解できたらチャレンジしましょう。

④同じ問題を繰り返し解く

　数的推理の問題は一見，同じ問題を繰り返し解くことに意味がないように思えます。「答えを覚えてしまったので，繰り返し解くのは意味がないと思います」という相談を受けることもしばしばあります。

　しかし，前述のように**問題演習で大切なのは，正解ではなく解法です。**すべての問題で，問題を見るだけで最短で解ける解法がすぐに出てくるという状態になるまで，**本書の問題を繰り返し解く意味があります。**

　この問題集の内容を完全にマスターするまで使い続けてみましょう。

本書の使い方

重要度は S, A, B, C の 4 段階。まずは重要度順に解いていくのも効率的です。

本番はスピードが大事！ 制限時間内に解く練習をしましょう。

3 順解けば対策バッチリ！ 解いた日の日付と正誤を記録しておきましょう。

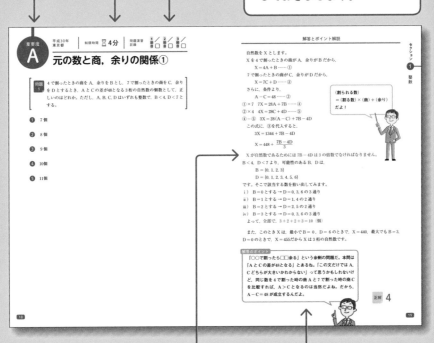

赤く強調されている箇所は問題を解くためにカギとなる知識です。

問題を解く際のポイントや別の解法が書かれています。ここをチェックすれば，得点アップのヒントがわかります。

出題傾向をつかんでおけば得点力アップ

　近頃の過去問をみると，一時期に比べると全体的に少し易化傾向にあります。簡単になったというより，**取り組みやすい問題の出題が増えた**というのが正確な表現かもしれません。一方で，試験によっては，**解き方が同じで数字だけが違うという"数値変え"の問題をくり返し出題す**るところもあります。この2つのことを考えると，今後ますます過去問演習のやり方が，数的推理を攻略するうえで重要になってくると考えられます。

　過去問演習を通じて解き方をマスターしていくということを基本として対策しましょう。

　また，「私は特別区を志望しているから，特別区の過去問さえ解けばいい」というやり方もよくありません。志望先に関係なく，本書に掲載されている問題は正解できるようにしましょう。

本書の「重要度ランク」で出題傾向がバッチリわかる

　問題の重要度別にランクをつけています。ランクは重要なものから順番にSランク，Aランク，Bランク，Cランクです。

　本書に掲載されている問題は，すべて解けるようになってほしいため，このランクは優先順位だと思ってください。つまり，Sランクの問題とBランクの問題を間違ってしまったならば，Sランクの問題から先に復習し，完全に解けるようになるということです。

　繰り返しになりますが，**数的推理は過去問演習から未知の問題に対応する力を養うことが大切**です。

　これを徹底すれば，この科目は攻略できますので，頑張ってください。

出題傾向

1. 易化傾向にある

2. 数字は違うが、過去に出題された問題と
解き方が同じ問題が出る

つまり

過去問演習を繰り返し、
基礎力をつけて、すぐに最短で正解が
出せる解法に気付けることが大事!

1回目で解けなくても焦らなくて大丈夫!
3回解けば必ず実力がつきます

1回目　　　2回目　　　3回目

目次

1回目、2回目、3回目でそれぞれ正解できたかをチェックし、到達度を確認しましょう。

セクション
3 規則性

セクション
4 n 進法

セクション 6 場合の数・確率

セクション 7 図形

【P3掲載の実績については下記をご参照ください】
※官庁訪問に臨んだ31名のうち、内定確認22名。〈合格者全体・参考〉2019年試験実施について、
　法律区分合格者からの採用予定者数は160名。採用予定数／最終合格者数＝35.6％（理論値。国家
　総合職試験の名簿有効期間は3年のため、2017年・2018年合格者からも採用される可能性がある）。
※国家総合職［法律区分］試験・受験報告80名のうち、1次試験合格46名。受験者全体は合格者／
　申込者数。

本文イラスト／瀬川尚志
本文デザイン／二ノ宮匡（ニクスインク）
本文DTP／株式会社フォレスト
※本書は原則として、2020年3月時点での情報を基に原稿執筆・編集を行っております。

重要度

A

平成30年
東京都

制限時間 ⏳ **4分**

問題演習
記録

1
回
目 □ 2
回
目 □ 3
回
目 □

元の数と商，余りの関係①

> **問題1** 4で割ったときの商を A，余りを B とし，7で割ったときの商を C，余りを D とするとき，A と C の差が48となる3桁の自然数の個数として，正しいのはどれか。ただし，A, B, C, D はいずれも整数で，B < 4, D < 7 とする。

❶ 7個

❷ 8個

❸ 9個

❹ 10個

❺ 11個

自然数を X とします。

X を 4 で割ったときの商が A，余りが B だから，

$$X = 4A + B \cdots\cdots ①$$

7 で割ったときの商が C，余りが D だから，

$$X = 7C + D \cdots\cdots ②$$

さらに，条件より，

$$A - C = 48 \cdots\cdots ③$$

①×7　$7X = 28A + 7B \cdots\cdots ④$

②×4　$4X = 28C + 4D \cdots\cdots ⑤$

④－⑤　$3X = 28(A - C) + 7B - 4D$

この式に，③を代入すると，

$$3X = 1344 + 7B - 4D$$

$$X = 448 + \frac{7B - 4D}{3}$$

（割られる数）
＝（割る数）×（商）＋（余り）
だよ！

X が自然数であるためには $7B - 4D$ は 3 の倍数でなければなりません。

$B < 4$，$D < 7$ より，可能性のある B，D は，

$$B = \{0, 1, 2, 3\}$$

$$D = \{0, 1, 2, 3, 4, 5, 6\}$$

です。そこで該当する数を拾い出してみます。

ⅰ）B ＝ 0 とする → D ＝ 0, 3, 6 の 3 通り

ⅱ）B ＝ 1 とする → D ＝ 1, 4 の 2 通り

ⅲ）B ＝ 2 とする → D ＝ 2, 5 の 2 通り

ⅳ）B ＝ 3 とする → D ＝ 0, 3, 6 の 3 通り

　よって，全部で，3 ＋ 2 ＋ 2 ＋ 3 ＝ 10（個）

また，このとき X は，最小で B ＝ 0，D ＝ 6 のときで，X ＝ 440，最大でも B ＝ 3，D ＝ 0 のときで，X ＝ 455 だから X は 3 桁の自然数です。

解答のポイント

　「○○で割ったら□□余る」という余剰の問題だ。本問は「A と C の差が48となる」とあるね。「この文だけでは A，C どちらが大きいかわからない」って思うかもしれないけど，同じ数を 4 で割った時の商 A と 7 で割った時の商 C を比較すれば，A ＞ C となるのは当然だよね。だから，A － C ＝ 48 が成立するんだよ。

正解 **4**

重要度 S

平成23年
国家Ⅱ種

制限時間 ⏳ 4分

問題演習
記録

1回目 ／☐　2回目 ／☐　3回目 ／☐

元の数と商，余りの関係②

> **問題2** 500以下の自然数のうち，3で割ると1余り，かつ，7で割ると3余る数は何個あるか。

1 18個

2 20個

3 22個

4 24個

5 26個

3で割ると1余り，7で割ると3余る数を具体的に書いていくことになりますが，大きい数字のほうから書くとよいでしょう。

7で割ると3余る：10, 17, ……

3で割ると1余る：4, 7, 10, 13, ……

条件を満たす最初の数は10であり，3と7の最小公倍数は21なので，

$10 + 21n \leqq 500$

$21n \leqq 490$

$n \leqq \dfrac{490}{21} \fallingdotseq 23, \cdots\cdots (n = 0, 1, 2, \cdots\cdots, 23)$

したがって，$n = 0$ も考慮して24個存在します。

解答のポイント

別の解法をもう1つ教えるね。

$x = 3a + 1$（①），$x = 7b + 3$（②）と考えて，

①と②の両辺に11を足して，

$x + 11 = 3(a + 4)$，$x + 11 = 7(b + 2)$となるから，$x + 11$ が3と7の最小公倍数21の倍数となり，$x + 11 = 21, 42, 63, \cdots\cdots$，

このとき，$x = 10, 31, 52\cdots\cdots$となって，初項10，公差21の等差数列と考えて，一般項の公式から個数を求める方法もあるよ。

正解 4

重要度 C

平成29年
特別区

制限時間 ⏳3分

問題演習
記録
1回目 ／ □
2回目 ／ □
3回目 ／ □

倍数の見分け方

> **問題 3** 瞬時に点灯する7種類のランプがあり，それぞれ3秒，4秒，5秒，6秒，7秒，8秒，9秒に1回の周期で点灯する。今，午後6時ちょうどに全部のランプを同時に点灯させたとき，同日の午後11時45分ちょうどに点灯するランプは何種類か。

① 3種類

② 4種類

③ 5種類

④ 6種類

⑤ 7種類

　全部のランプを最初に点灯させた午後6時から，午後11時45分までの時間を秒に直すと，

$$3600 \times 5 + 60 \times 45 = 20700$$

より，20700秒です。20700は3，4，5，6，9の倍数なので，この5種類のランプが点灯します。

倍数の見分け方

　　2の倍数　　：　　一の位が偶数

　　3の倍数　　：　　各位の数の和が3の倍数

　　4の倍数　　：　　下2桁が4の倍数

　　5の倍数　　：　　一の位が0か5

　　6の倍数　　：　　2の倍数かつ3の倍数

　　8の倍数　　：　　下3桁が8の倍数

　　9の倍数　　：　　各位の数の和が9の倍数

解答のポイント

　午後6時から午後11時45分までが何秒あるかを数えて，それぞれ，3, 4, 5, 6, 7, 8, 9で割ってみて，割り切れた数字のランプが午後11時45分に点灯するランプになるね。でも，本当にこんなにランプが点灯したら目がチカチカするよね。（笑）

正解 **3**

A × B＝(数字)の A, B の場合の数

> **問題 4** $a^2 + ab + ac + bc - 315 = 0$ を満たす素数 a, b, c の組合せは何通りか。ただし，$a < b < c$ とする。

❶ 1通り

❷ 3通り

❸ 5通り

❹ 7通り

❺ 9通り

$a^2 + ab + ac + bc - 315 = 0$ を式変形すると，

$(a + b)(a + c) = 315$

と変形でき，315 を素因数分解すると，$315 = 3^2 \times 5 \times 7$ となります。

また，$a < b < c$ より

$(a + b) < (a + c)$

です。

このあとは，場合分けしながら考えていきます。

$a+b$	$a+c$	a	b	c
5	63	2	3	61
7	45	2	5	43
15	21	2	13	19

条件を満たすのは右の 3 通りです。

---

a, b, c を 3^2 と 5 と 7 の掛け算の組み合わせで考えないでね。$(a + b)$ と $(a + c)$ が 3^2 と 5 と 7 の掛け算の組み合わせだよ。

また，例えば，$a + b = 3$, $a + c = 105$ でも式は成り立っているけれど，$a = 1$, $b = 2$, $c = 104$ になり，a と c は素数ではないよ。

このように，すべての組み合わせを考えていく必要があるよ。

解答のポイント

素数とは，「1 と自分自身以外に約数をもたない数」だよ。ただし，1 は素数じゃないから気を付けて。315 を素因数分解すると $3^2 \times 5 \times 7$ だから，$(a + b)$ は，5, 7, 9, 15 ……といった数が考えられるね。

あとは最小の a から順に数字を代入して，条件に合うものを探していこう。選択肢を見る限りはそれほど多くないはずだから，頑張れるね！

正解 **2**

平方根が自然数になる条件

 $\sqrt{55000 \div x}$ が整数となるような自然数 x は，全部で何個か。

❶ 5 個

❷ 6 個

❸ 7 個

❹ 8 個

❺ 9 個

55000を素因数分解すると，$55000 = 2^3 \times 5^4 \times 11$ です。

$$2^3 \times 5^4 \times 11$$
$$= 2^2 \times 5^2 \times 5^2 \times 2 \times 11$$

より，x は 2×11 の因数を必ず持ちます。

したがって，あとそれに

2^2

$2^2 \times 5^2$

$2^2 \times 5^2 \times 5^2$

5^2

$5^2 \times 5^2$

を掛けたものも，平方根の中が平方数になります。

つまり，自然数となるように組み合わせると，$x = 2 \times 11$，$2 \times 5^2 \times 11$，$2 \times 5^4 \times 11$，$2^3 \times 11$，$2^3 \times 5^2 \times 11$，$2^3 \times 5^4 \times 11$ の 6 個です。

> 55000の素因数分解は，55000を
>
> $$55 \times 1000$$
>
> と考えれば，計算するまでもなくすぐできるよね。

解答のポイント

55000を素因数分解すると $2^3 \times 5^4 \times 11$ となり，これを x で割って，「整数となるような自然数」とは，$\sqrt{}$ が取れるようにしなさいということだから，全体を偶数乗にしろということだよ。

そのために，x の値としては必ず，2×11 は必要だ。あとは，そこに，5 の偶数乗を掛けたり，2 の偶数乗を掛けたりして，全体が偶数乗になるように工夫しよう。

正解 **2**

平成28年
特別区

制限時間 ⏳4分

問題演習
記録

1回目 ☐
2回目 ☐
3回目 ☐

最大公約数と最小公倍数

> **問題6** 3つの自然数14, 63, n は, 最大公約数が7で, 最小公倍数が882である。n が300より小さいとき, 自然数 n は全部で何個か。

① 2個

② 3個

③ 4個

④ 5個

⑤ 6個

882を素因数分解すると，

$$882 = 2 \times 3^2 \times 7^2$$

14，63もそれぞれ，素因数分解すると，

$$14 = 2 \times 7$$
$$63 = 3^2 \times 7$$

なので，n は 7^2 を因数に持つことがわかります。

$7^2 = 49$ だから，$300 \div 49 \fallingdotseq 6$ より，

最小公倍数が882になるための300より小さい n は，7^2，$7^2 \times 2$，$7^2 \times 3$，$7^2 \times 2 \times 3$ の4個です。

最小公倍数

$$A = a^{x1} \times b^{x2} \times c^{x3}$$
$$B = a^{y1} \times b^{y2} \times s$$
$$C = a^{z1} \times c^{z3} \times t$$

とすると，

AとBとCの最大公約数

$a^{\square}$　□は，$x1$，$y1$，$z1$ のうち，いちばん小さい数

AとBとCの最小公倍数

$a^{\square} \times b^{\triangle} \times c^{\circ} \times s \times t$

　□は，$x1$，$y1$，$z1$ のうち，いちばん大きい数

　△は，$x2$，$y2$ のうち大きい数

　○は，$x3$，$z3$ のうち大きい数

解答のポイント

最小公倍数とは素因数分解された○^△の○が同じ数を見比べて，△の大きいほうを取ったものなんだよ。

まず，$14 = 2 \times 7$，$63 = 3^2 \times 7$，n も含めた3つの自然数の最小公倍数は $882 = 2 \times 3^2 \times 7^2$，それぞれ素因数分解した状態と見比べてみると，$n$ としては，$2^{0 \sim 1}$（2通り）$\times 3^{0 \sim 2}$（3通り）$\times 7^2$ の6通りが考えられる。ただし，n は300より小さいということで，$2^0 \times 3^2 \times 7^2$，$2 \times 3^2 \times 7^2$ の2通りは除外される。だから，$6 - 2 = 4$ 通りだ！

正解 **3**

重要度 B

平成26年
裁判所職員

制限時間 ⏳4分

問題演習
記録

1回目 ／ □
2回目 ／ □
3回目 ／ □

最小公倍数の利用

問題7 2つの照明器A，Bはともに時刻 t から，次のような一定のパターンで明滅する。Aは，2分間点灯されたのちに3分間消灯する。一方，Bは，1分間消灯したのちに3分間点灯する。時刻 t から60分が経過するまでに，この2つの照明器A，Bが同時に消灯している時間の総計として最も適当なものはどれか。

1 6分間

2 7分間

3 8分間

4 9分間

5 10分間

　計算で解こうとせず，フリーハンドの図を描くとよいです。A は 5 分，B は 4 分で明滅を繰り返すから，最小公倍数の20分を図式化します。60分はその 3 倍だから最後に 3 倍します。

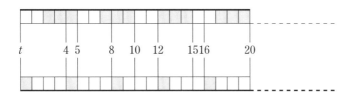

　図より，20分間で同時に消灯しているのは，

　　　4 分，8 分，12分

からの 1 分間で，合計 3 分間です。

　したがって，60分では

　　　$3 \times 3 = 9$（分）

解答のポイント

　条件が細かいから，解説にあるように図式化するとわかりやすいね。

　60分間分全部やろうとすると，大変だけど，A は $2+3=5$ 分ごと，B は $1+3=4$ 分ごとに 1 サイクルとなるので，5 と 4 の公倍数の20分間さえ調べれば，あとはそれを60分ぶんに拡大してあげればいい。そういうところに気付ければ，やる気も出るよね！

正解 4

公倍数の利用①

> **問題 8** 1,000より小さい正の整数のうち，4で割ると3余り，かつ5で割ると4余る数の個数として，正しいのはどれか。

① 50個

② 51個

③ 52個

④ 53個

⑤ 54個

「4で割ると3余り，かつ5で割ると4余る数」というのは，1を足すと4でも5でも割り切れます。したがって，20の倍数より1小さい数だから，次の式が成り立ちます。

$$20n - 1 < 1000$$

これを解いて，

$$n < 50.05$$

よって，$n = 1$ から50まで成り立つから，50個が正しいです。

【別解】

「4で割ると3余る数」，「5で割ると4余る数」をそれぞれ順に書き出すと，

3, 7, 11, 15, 19, 23, ……

4, 9, 14, 19, 24, ……

19が共通する最初の数だから，次の式が条件を満たす一般式となります。

$$19 + (4 \text{と} 5 \text{の最小公倍数}) \times n = 19 + 20n$$

よって，

$$19 + 20n < 1000$$

これを解いて，

$$n < 49.05$$

$n = 0$ から $n = 49$ まで成り立つから，50個が正しいです。

解答のポイント

　$x = 4a + 3$，$x = 5b + 4$ の両辺に $+1$ すると，$x + 1$ が4と5の最小公倍数20の倍数とわかるね。そうすると，x は初項が19で公差20の等差数列になるから，等差数列の一般項の公式（P46 参照）に当てはめて

　$19 + (n - 1) \times 20 < 1000$ を解いてみるって方法もあるよ。試してみて！

正解 **1**

重要度 B

平成26年
特別区

制限時間 ⏳5分

問題演習
記録

1回目 ／ □　2回目 ／ □　3回目 ／ □

公倍数の利用②

> | 問題 9 | 4, 6, 8で割ると余りはそれぞれ1になり，5で割ると余りが3, 7で割ると余りが5, 15で割ると余りが13になる3けたの自然数は，全部で何個か。

❶ 　0個

❷ 　1個

❸ 　2個

❹ 　3個

❺ 　4個

「4, 6, 8 で割ると余りはそれぞれ1」より，4, 6, 8 の公倍数より1大きいです。

$4 = 2^2,\ 6 = 2 \times 3,\ 8 = 2^3$ だから，最小公倍数は $2^3 \times 3 = 24$。

よって，条件を満たす数は，

$24n + 1$ ……①

「5 で割ると余りが3, 7 で割ると余りが5, 15 で割ると余りが13」は2をたせば，5で
も7でも15でも割り切れるから，5, 7, 15 の公倍数より2小さいです。

$5 = 5,\ 7 = 7,\ 15 = 3 \times 5$ だから，最小公倍数は $3 \times 5 \times 7 = 105$。

よって，条件を満たす数は，

$105m - 2$ ……②

②を満たす3けたの自然数は103, 208, 313, 418, 523, 628, 733, 838, 943の9個だが，
①は奇数だから，答えは103, 313, 523, 733, 943のうちのいくつかです。あとはこの5
つの数について，①に代入して吟味していきます。

103のとき：$24n + 1 = 103$　　$24n = 102$

　　　　　これを満たす自然数 n はない。よって不適

313のとき：$24n + 1 = 313$　　$24n = 312$　　　$n = 13$　よって○

523のとき：$24n + 1 = 523$　　$24n = 522$

　　　　　これを満たす自然数 n はない。よって不適

733のとき：$24n + 1 = 733$　　$24n = 732$

　　　　　これを満たす自然数 n はない。よって不適

943のとき：$24n + 1 = 943$　　$24n = 942$

　　　　　これを満たす自然数 n はない。よって不適

以上より，313のみが条件を満たします。

解答のポイント

　条件がたくさんあって，目がくらくらするよね。

　まずは，条件的に厳しい②の条件から考えて，ある程度
絞り込んだら，次に①の条件を満たすように更に慎重に絞
り込んでいこう。選択肢を見れば，それほど個数は多くな
いはずなので，やればできる！　自分を信じて！

正解 2

重要度 S

平成21年
特別区

制限時間 ⏳4分

問題演習
記録
1回目 ／ □
2回目 ／ □
3回目 ／ □

公倍数の利用③

> **問題 10** 6で割ると3余り，7で割ると4余り，8で割ると5余る自然数のうち，最も小さい数の各位の数字の積はどれか。

1 9

2 12

3 18

4 24

5 30

問題文の条件を満たす数を x とすると，整数の変数 a, b, c を用いて，

「6 で割ると 3 余る」→ $x = 6a + 3$ ……①

「7 で割ると 4 余る」→ $x = 7b + 4$ ……②

「8 で割ると 5 余る」→ $x = 8c + 5$ ……③とあらわすことができます。

①，②，③の両辺に加えたり，引いたりすることで，それぞれ a, b, c の係数で囲めるような数字を探す。本問の場合は，「＋3」すると，

$x + 3 = 6(a + 1)$

$x + 3 = 7(b + 1)$

$x + 3 = 8(c + 1)$

となり，「$x + 3$」は 6 と 7 と 8 の公倍数だとわかる。本問は条件を満たす「最も小さい数」なので，

6, 7, 8 の最小公倍数は

$6 = 2 \times 3,$

7 は素数

$8 = 2 \times 2 \times 2$

だから，$2 \times 2 \times 2 \times 3 \times 7 = 168$ です。

$x = 168 - 3 = 165$ なので，求める数は165より，各位の積は $1 \times 6 \times 5 = 30$ となります。

解答のポイント

　余剰の問題は，「x を○○で割ると□□余る」という条件から，$x = $○○$a + $□□という形に持っていくんだ。その後，その両辺の式に，何か共通の数字をプラスしたり，マイナスすることで，左辺は同じ形になり，右辺の係数はカッコの外に出す形に持っていければ，解決は早いよ！

正解 **5**

積の組み合わせ

> **問題11** 正の整数 a, b があり，$a < b$ であるとき，次の式における a, b の組合せの数として，正しいのはどれか。
>
> $$\frac{1}{a} + \frac{1}{b} = \frac{1}{10}$$

① 2組

② 3組

③ 4組

④ 5組

⑤ 6組

$$\frac{1}{a}+\frac{1}{b}=\frac{1}{10}$$

通分して,

$$\frac{a+b}{ab}=\frac{1}{10}$$

両辺に $10ab$ を掛けて分母をはらう。

$$10(a+b)=ab$$
$$ab-10(a+b)=0$$
$$(a-10)(b-10)-100=0$$
$$(a-10)(b-10)=100=2^2\times5^2 \quad \cdots\cdots ①$$

a, b は正の整数であり, $a<b$ より, $a-10<b-10$ です。

①式を満たす $(a-10, b-10)$ の組み合わせは $(1, 100)$ $(2, 50)$ $(4, 25)$ $(5, 20)$ の 4 組であり, このときの (a, b) の組み合わせは $(11, 110)$ $(12, 60)$ $(14, 35)$ $(15, 30)$ となります。

> $10(a+b)=ab \Rightarrow (a-10)(b-10)-100=0$
> この変形が少し難しかったかもしれないね。
> 　組み合わせの数を求めるときには，よく使う手法だから，慣れておこう！

解答のポイント

　整数の特性を利用した約数の組み合わせの数の問題だ。問題の式が分数どうしの加法の式なので，まずは，分母をはらったほうが，式全体が見やすくなるよね。そこから全体を積の形に持っていければ，あとは具体的な約数の組み合わせについて考えればいい！

　最初に選択肢を見ておくと，「パターンは少なそう→数えきれそうだ！」と予想ができるので，やる気が出るよね！

正解 **3**

重要度 A

平成22年
東京都

制限時間 ⏳5分

問題演習
記録

1回目 ☑ 2回目 ☑ 3回目 ☑

条件を満たす数の和

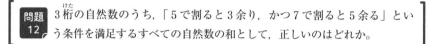

> **問題12** 3桁（けた）の自然数のうち，「5で割ると3余り，かつ7で割ると5余る」という条件を満足するすべての自然数の和として，正しいのはどれか。

1 14,053

2 14,063

3 14,073

4 14,083

5 14,093

条件「5 で割ると 3 余り，かつ 7 で割ると 5 余る」は「5 の倍数に 2 足りない」「7 の倍数に 2 足りない」と読み替えることができます。つまり，2 を足せば 5 でも 7 でも割り切れます。

したがって，5 と 7 の最小公倍数 35 の倍数より 2 小さい数，「35 の倍数 − 2」です。これを自然数 n を用いると，

$$100 \leqq 35n - 2 < 1000$$

と表されるので，この不等式より，

$$102 \leqq 35n < 1002$$

$$\frac{102}{35} \leqq n < \frac{1002}{35}$$

$$2.91 \leqq n < 28.6\cdots\cdots$$

$$n = 3, \cdots\cdots, 28 \quad (26 個ある)$$

したがって，条件を満たす 3 桁の自然数の和は，

$$(35 \times 3 - 2) + (35 \times 4 - 2) + (35 \times 5 - 2) + \cdots\cdots + (35 \times 28 - 2)$$

$$= 35(3 + 4 + \cdots\cdots + 28) - 2 \times 26$$

$$= 35 \times \frac{(3 + 28) \times 26}{2} - 52$$

$$= 14053$$

解答のポイント

$x = 5a + 3$ （①），$x = 7b + 5$ （②），この①②の両辺に ＋2 すると，$x + 2 = 5(a + 1)$，$x + 2 = 7(b + 1)$ となり，$x + 2$ は 5 と 7 の最小公倍数 35 の倍数だとわかる。35 の倍数が初めて 3 桁になるのは，$35 \times 3 = 105$ のときで，

このとき，$x = 105 - 2 = 103$ となる。

つまり，x は初項が 103，公差が 35 の等差数列なんだね。3 桁最後の項数を n とすると，$103 + (n - 1) \times 35 < 1000$ を解き，$n \leqq 26$ となり，26 項あることがわかる。ここまでくれば，等差数列の和の公式に代入だ！

正解 **1**

約数の個数

> 問題
> 13
>
> 504の約数の個数として，正しいのはどれか。

1 12個

2 15個

3 20個

4 24個

5 30個

　正の約数の個数については，素因数分解して，指数部分にすべて 1 を足して掛け合わせることによって算出されます。

　504 についていうと，

$$504 = 2^3 \times 3^2 \times 7$$

だから，

$$(3+1)(2+1)(1+1) = 24 \text{（個）}$$

となります。

指数に 1 を足すのは，0 乗（＝1）のときを足しているよ。

　1, 2, 2^2, 2^3　　から 1 つ

　1, 3, 3^2　　　　から 1 つ

　1, 7　　　　　から 1 つ

選んで，掛け合わせたのが約数だよ。

解答のポイント

　整数 x を素因数分解して，$x = a^m \times b^n$（a, b は素数）の形になると，x の約数の個数は $(m+1)(n+1)$ 個になる！　これは，頻出事項だからよく覚えておこう！

正解　4

重要度

A

平成21年
国家Ⅱ種

制限時間 ⏳ 4分

問題演習
記録

1
回
目 ／☐　2
回
目 ／☐　3
回
目 ／☐

条件を満たす最小の値

問題14 今年の1月1日から毎日，m月n日に$m \times n$（円）の金額を貯金箱へ貯金していくものとする。このとき，貯金の合計額が，初めて1万円以上となるのは次のうちどの月か。

ただし，貯金は0円の状態から始め，途中で貯金を引き出すことはないものとする。

また，各月の日数は実際には一定ではないが，30日であるとして計算するものとする。

❶ 今年の5月

❷ 今年の7月

❸ 今年の11月

❹ 来年の4月

❺ 来年の10月

　まず，条件を把握します。1月1日から月と日数を掛け合わせた金額を貯金箱へ貯金する。各月ごとに書き上げていき，それらを加えて，初めて10000円以上となる月を算出します。

　　　　1月：$1 \times (1 + 2 + 3 + \cdots\cdots + 30)$

　　　　2月：$2 \times (1 + 2 + 3 + \cdots\cdots + 30)$

　　　　3月：$3 \times (1 + 2 + 3 + \cdots\cdots + 30)$

　　　　　⋮

　　　　m月：$m \times (1 + 2 + 3 + \cdots + 30)$

これを加えます。

　　　　$1 \times (1 + 2 + 3 + \cdots\cdots + 30) + 2(1 + 2 + 3 + \cdots + 30)$

　　　　　$+ 3(1 + 2 + 3 + \cdots\cdots + 30) + \cdots\cdots + m \times (1 + 2 + 3 + \cdots\cdots + 30) \geqq 10000$

　　　$(1 + 2 + 3 + \cdots\cdots + m) \times (1 + 30) \times \dfrac{30}{2} \geqq 10000$

　　　$(1 + 2 + 3 + \cdots\cdots + m) \times 465 \geqq 10000$

　　　$(1 + 2 + 3 + \cdots\cdots + m) \geqq 21.5\cdots$

したがって

　　　$1 + 2 + 3 + \cdots\cdots + m \geqq 21.5$

この不等式を満たす最小（初めて1万円以上となる）m は7です。

> 等差数列の和は，
> P46を参照してね。

正解 **2**

「整数」で知っておきたい知識の整理

等差数列

同じ差で並んでいる数列を等差数列といいます。

最初の数字を「初項」といって a_1 であらわし，差の数字を「公差」といい，d であらわします。

例：3, 5, 7, 9…… （初項 3，公差 2 の等差数列）

一般項（第 n 項）の公式	$a_n = a_1 + (n-1)d$

和の公式 （S_n：a_1 から a_n までの和）	$S_n = (a_1 + a_n) \times n \times \dfrac{1}{2}$

重要度 S

平成30年
東京都

制限時間 5分

問題演習
記録

1回目／□ 2回目／□ 3回目／□

ベン図の利用①

問題1 ある会社の社員200人について，札幌市，長野市及び福岡市の3市に出張した経験を調べたところ，次のことがわかった。

A　長野市に出張した経験のない社員の人数は131人であった。

B　2市以上に出張した経験のある社員のうち，少なくとも札幌市と長野市の両方に出張した経験のある社員の人数は15人であり，少なくとも長野市と福岡市の両方に出張した経験のある社員の人数は17人であった。

C　福岡市だけに出張した経験のある社員の人数は18人であった。

D　札幌市だけに出張した経験のある社員の人数は，2市以上に出張した経験のある社員のうち，札幌市と福岡市の2市だけに出張した経験のある社員の人数の5倍であった。

E　3市全てに出張した経験のある社員の人数は8人であり，3市のいずれにも出張した経験のない社員の人数は83人であった。

　以上から判断して，長野市だけに出張した経験のある社員の人数として，正しいのはどれか。

1 45人

2 46人

3 47人

4 48人

5 49人

右のようなベン図を作ります。

「社員200人」より,

$$a+b+c+d+e+f+g+h=200 \cdots\cdots ①$$

Aの条件より,

$$a+d+g+h=131 \cdots\cdots ②$$

Bの条件より,

$$b+c=15 \cdots\cdots ③$$

$$c+f=17 \cdots\cdots ④$$

Cの条件より,

$$g=18 \cdots\cdots ⑤$$

Dの条件より,

$$a=5d \cdots\cdots ⑥$$

Eの条件より,

$$c=8 \cdots\cdots ⑦$$

$$h=83 \cdots\cdots ⑧$$

これらの条件から, e の値を求めます。

⑦を④に代入すると, $f=9$ となります。

②, ③, $f=9$ を, ①に代入すると,

$$131+15+e+9=200$$

$$e=45$$

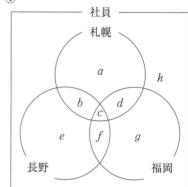

この問題では, Cの条件, Dの条件, Eの後半の条件は使わなかったよ。

解答のポイント

　本問は札幌, 長野, 福岡の3つの都市についての集合問題なので, ベン図を書いていこう!

　そのときに注意してほしいのは, いきなり数字を書き込まないでね! 解説文のように, ベン図のスペースにアルファベットをふっておこう。そしたら次に, 条件をアルファベットを用いて立式していくんだ。そして, 必要な数字をいかに合理的に導くかに集中しよう!

　くれぐれもいきなり数字を書き込まないようにね!

正解 **1**

重要度 **A**

平成29年
特別区

制限時間 ⏳ **6分**

問題演習
記録 1回目／□ 2回目／□ 3回目／□

キャロル図の利用①

問題 2　ある会社は，社員数35名で，そのうち男性は18名であり，また，東京都在住は15名であった。新たに，東京都在住の男性2名及び女性1名，他県在住の2名が入社した。その結果，東京都在住の男性が9名，他県在住の男性が12名になった。このとき，他県在住の女性社員数はどれか。

1　8名

2　9名

3　10名

4　11名

5　12名

キャロル図（P62参照）を作ってみます。まずは，新しい人が入る前の状態を作ります。

他県在住者は，$35 - 15 = 20$（人）であり，女性は，$35 - 18 = 17$（人）なので，「東京都在住の男性」を x 人とすると，図1のように埋めることができます。

ここで，新たに「東京在住の男性」2名が追加され，「東京在住の男性」が9名になったことより，

$$x + 2 = 9 \qquad x = 7$$

となるので，これを反映させると，キャロル図は図2のようになります。

ここで，新たに入った「他県在住の男性」を y とすると，

$$11 + y = 12 \qquad y = 1$$

すると，新たに入った「他県在住の女性」は，

$$2 - 1 = 1（人）$$

となるので，「他県在住の女性」の数は，

$$9 + 1 = 10（人）$$

となります。

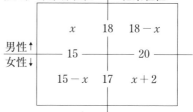

（図1）

東京都在住 ← | → 他県在住

	男性↑	x	18	$18 - x$
女性↓	15		20
	$15 - x$	17	$x + 2$

（図2）

東京都在住 ← | → 他県在住

男性↑	7	18	$18 - 7 = 11$
女性↓	15		20
	$15 - 7 = 8$	17	$7 + 2 = 9$

セクション **2** 集合

解答のポイント

　キャロル図を使うことはわかるよね。そして，1か所を x と置き，次々と他の数字を出していきたい。でも，どの数字を x と置くかで，解答までの時間が決まってしまうから，ここは是非とも慎重にいきたい。

　本問の場合は，「東京都在住の男性」だけ，新たに追加された人数と追加後の人数がわかっているから情報量が多いよね。ここを x と置いてみよう！

正解 **3**

重要度

C

平成24年
特別区

制限時間 ⏳7分

問題演習
記録

1回目 ／ □　2回目 ／ □　3回目 ／ □

ベン図の利用②

問題3 縁日の屋台で，焼きそば，もつ煮，いか焼きを食べた人について，次のア〜エのことが分かっているとき，3品全てを食べた人数はどれか。

ア　もつ煮を食べた人は，焼きそばといか焼きの両方を食べた人より25人多かった。

イ　焼きそばだけを食べた人といか焼きだけを食べた人の合計は，50人だった。

ウ　1品だけ食べた人は，2品以上食べた人より55人多かった。

エ　もつ煮だけを食べた人は，焼きそばといか焼きの両方を食べた人より10人多かった。

❶　8人

❷　10人

❸　12人

❹　14人

❺　16人

　ポイントは，条件に，「を食べた人」と「だけ食べた人」の２つの表現があることに気付くことです。

　３品すべてを食べた人数の検討なので，ベン図を用います。

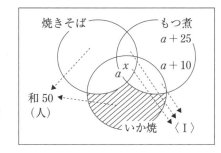

　求める３品すべてを食べた人数を x（人）とし，条件アと条件エの両方に出てきている「焼きそばといか焼きの両方を食べた人」を a（人）とします（３品すべて食べた人を含む）。

　すると，条件アよりもつ煮を食べた人は $a+25$（人），条件エよりもつ煮だけを食べた人は，$a+10$（人）と置けます。

　ここで，もつ煮を食べた $a+25$（人）から，もつ煮だけを食べた $a+10$（人）を引くと，もつ煮を含めた２品以上食べた〈Ⅰ〉の人数 $a+25-(a+10)=15$（人）が判明します。

　このことから，条件ウについて式を立てます。

　１品だけ食べた人：条件イの50人ともつ煮だけを食べた，$a+10$（人）の和だから，
　　　　$a+60$（人）

　２品以上食べた人：a（人）と〈Ⅰ〉の和から，重なり部分を引く
　　　　$a+15-x$（人）

　したがって，条件ウより，
　　　　$a+60=(a+15-x)+55$　　　$x=10$（人）

> 簡単そうにみえて，少し大変だったね。
> ベン図を丁寧に書いて，条件に該当する
> 領域を整理していこう！

解答のポイント

　焼きそば，もつ煮，いか焼き，うーん，どれもおいしそう。いかん，いかん，そういうことじゃないよね。これはグループ分けが３つだからベン図だ！　もうすっかり使いこなせるようになったかな？　集合の問題は，落ち着いてやれば必ず解けるはずだよ！　がんばれ！

正解 **2**

キャロル図の利用②

> **問題 4**　ある地域における世帯の年収と住居の状況について次のことが分かっているとき，確実にいえるのはどれか。
>
> ○年収が500万円以上である世帯数は82世帯，500万円未満である世帯数は56世帯である。
> ○住居の広さが70平米以上である世帯数は70世帯，70平米未満である世帯数は68世帯である。
> ○年収が500万円未満で住居の広さが70平米未満である世帯のうち，持家である世帯数は，持家でない世帯数より 3 世帯多い。
> ○年収500万円未満の持家でない世帯で住居の広さが70平米以上である世帯数は12世帯である。
> ○年収が500万円未満で持家である世帯数は25世帯である。
> ○年収500万円以上の持家でない世帯のうち，住居の広さが70平米未満である世帯数は17世帯で，70平米以上である世帯数より 9 世帯少ない。

❶ 持家である世帯数と持家でない世帯数の差は， 6 世帯である。

❷ 住居の広さが70平米以上で年収500万円以上の持家でない世帯数は29世帯である。

❸ 住居の広さが70平米以上で年収500万円未満の持家である世帯数は12世帯である。

❹ 住居の広さが70平米以上の世帯のうち，年収500万円未満で持家である世帯数は，年収500万円以上で持家である世帯数のちょうど10分の 1 である。

❺ 年収500万円以上で持家である世帯のうち，住居の広さが70平米以上の世帯数は，70平米未満の世帯数より19世帯多い。

与えられた条件をキャロル図に書き込むと，次の図Iのようになります。ここから，空欄の部分の数値を埋めていって表を完成させ（図II参照），**選択肢を検討します。**

図I

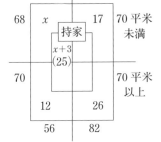

図II

① × 持家である総世帯数は，$25 + 39 = 64$。全体の世帯数の，$68 + 70 = 138$ からそれを引き，持家でない総世帯数を出すと，$138 - 64 = 74$。両者の差は10世帯なので，誤りです。

② × 図より即座に誤りとわかります。

③ × 図より即座に誤りとわかります。

④ × 70平米以上の世帯のうち，500万円未満で持家の世帯数は3。500万円以上で持家の世帯数は29。よって，ちょうど10分の1とはなりません。

⑤ ○ 年収500万円以上で持家の世帯のうち，70平米以上の世数は29。70平米未満の世帯数は10。よって，19世帯多く，正しいです。

> このキャロル図は，簡単に全部の
> 領域の数字が確定したよ。

解答のポイント

　この問題は，グループ分けがとても3つでは収まらないよね。そう，典型的なキャロル図を使う問題だ！　キャロル図は見慣れるまで，とっても複雑そうに見えるけど，一度使い方を覚えてしまえば「こんな便利なものはない！」って思えるくらい便利なものだから，是非，使いこなせるようになってね！

正解 **5**

ベン図の利用③

 問題 5 ある大学で芸術学，哲学，文学についての学生の履修状況を調査したところ，次のことが分かった。これから確実にいえるのはどれか。

○芸術学を履修した学生は734人である。
○文学を履修した学生は871人である。
○学生は芸術学，哲学，文学のうち必ず1科目以上を履修した。
○芸術学を履修した学生は必ず哲学を履修した。
○芸術学，哲学，文学のうち2科目のみを履修した学生は634人である。
○哲学と文学の2科目のみを履修した学生数は，哲学と芸術学の2科目のみを履修した学生数に等しい。

❶ 調査対象となった学生数は，2,000人以上である。

❷ 哲学1科目のみを履修した学生がいないとすれば，哲学を履修した学生は1,051人である。

❸ 文学を履修した学生のうち，2科目以上履修した学生は645人である。

❹ 芸術学と哲学の2科目のみを履修した学生は417人である。

❺ 哲学1科目のみを履修した学生数が文学1科目のみを履修した学生数と同じであれば，芸術学と哲学の2科目のうち，1科目以上履修した学生は1,048人である。

特徴のある条件を探しつつ，条件を把握して，ベン図を描いていきます。

条件1：芸術学を履修した学生は734人である。

条件2：文学を履修した学生は871人である。

条件3：学生は芸術学，哲学，文学のうち必ず1科目以上を履修した。

このことから，ベン図の円外は0人とわかります。

条件4：芸術学を履修した学生は必ず哲学を履修した。

このことから，芸術学のみ，芸術学と文学の科目のみを履修した学生は0人とわかります。

条件5：芸術学，哲学，文学のうち2科目のみを履修した学生は634人。

このことと，条件4より，芸術学と哲学の2科目のみを履修した学生と，哲学と文学の2科目のみを履修した学生の和が634人とわかります。

条件6：哲学と文学の2科目のみを履修した学生数は，哲学と芸術学の2科目のみを履修した学生数に等しい。

このことと，条件5より，哲学と文学の2科目のみを履修した学生数と，哲学と芸術学の2科目のみを履修した学生数は，それぞれ $634 \div 2 = 317$（人）とわかります。

ここまでを，ベン図であらわすと右のようになります。そして，各選択肢を検討します。

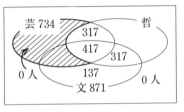

① × 調査対象となった学生数は，哲学1科目のみを履修した学生を0人とすれば，$317 + 317 + 417 + 137$人 $= 1{,}188$（人）という最小数の可能性があります。

② ○ 哲学1科目のみを履修した学生が0人とすると，哲学を履修した学生は，$317 + 317 + 417 = 1{,}051$（人）となります。

③ × 文学を含む2科目以上を履修した学生は，$417 + 317 = 734$（人）です。

④ × 芸術学と哲学の2科目のみを履修した学生は，317人です。

⑤ × 哲学1科目のみを履修した学生数が文学1科目のみを履修した学生数137人と同じであれば，芸術学と哲学の2科目のうち1科目以上履修した学生は，選択肢②の1,051人を用いて，$1{,}051 + 137 = 1{,}188$（人）となります。

解答のポイント

この問題は，芸術学，哲学，文学の3つのグループに分けられる。集合の問題で3つのグループ分けまでであればベン図が有効な手段だね。

正解 2

重要度 B

平成24年
東京都

制限時間 ⏳8分

問題演習
記録

1回目／□
2回目／□
3回目／□

キャロル図の利用③

問題6 ある学習塾に通う男子及び女子の児童336人について，通学時間により30分以上と30分未満とに，居住地により市内と市外とに分けて人数を調べたところ，次のア～オのことが分かった。

ア　男子児童は，178人であった。
イ　通学時間が30分以上の女子児童は，64人であった。
ウ　市内に居住している男子児童は，通学時間が30分以上，かつ，市外に居住している男子児童よりも68人多かった。
エ　通学時間が30分未満，かつ，市内に居住している女子児童の人数は，通学時間が30分以上，かつ，市外に居住している男子児童の人数の2倍であった。
オ　通学時間が30分未満，かつ，市外に居住している女子児童の人数は，通学時間が30分未満，かつ，市内に居住している女子児童の人数よりも42人少なかった。

　以上から判断して，通学時間が30分未満，かつ，市外に居住している男子児童の人数として，正しいのはどれか。

1 34人

2 36人

3 38人

4 40人

5 42人

キャロル図を用いて検討します。

通学時間が30分以上，かつ，**市外に居住している男子児童**を x（人）とすると，条件ウより，市内に居住している男子児童は，

$x+68$（人）

と表せ，条件エより，通学時間が30分未満，かつ，市内に居住している女子児童の人数が，$2x$（人）と表せます。

また，条件オより，通学時間が30分未満，かつ，市外に居住している

女子児童の人数は，

$2x-42$（人）

男 178	女 158

市外

30分以上 ： x / 64

市内

$x+68$

30分未満 ： $2x$ / 94

求めるもの / $2x-42$

と表せます。これらを，キャロル図にまとめると，上の図のようになります。

ここで，通学時間が30分未満の女子児童が94人であることから，

$2x+2x-42=94 \qquad x=34$

これを用いて，男子児童の人数について着目し，求めるものである通学時間が30分未満，かつ，市外に居住している男子児童を計算すると，

$178-\{x+(x+68)\}$
$=178-(34+34+68)=42$（人）

> 最初に文字を使わなくても値のわかる，女子児童の数，通学時間が30分未満，以上の女子の数などは，具体的な数をキャロル図に書き込んでいこう！

解答のポイント

> なかなかヘビーな集合の問題だね。どの数字を x と置くかが悩ましいところだけど，条件ウとエの両方に「通学時間が30分以上，かつ，市外に居住している男子児童」というのが登場しているよね。数的処理の原則は「情報量の多いところにヒントあり！」だ。まずは，この数字を x とおいてみよう。

正解 **5**

重要度 **B**

平成22年
東京都

制限時間 ⏳ **5分**

問題演習
記録

1回目 ／ □ 2回目 ／ □ 3回目 ／ □

ベン図の利用④

問題 7 あるスポーツジムの会員100人について，昨日のサウナ及びプールの利用状況を調べたところ，次の A 〜 D のことが分かった。

A サウナを利用した男性会員の人数は32人であり，プールを利用した男性会員の人数は17人であった。

B サウナだけを利用した女性会員の人数と，プールだけを利用した女性会員の人数との計は23人であった。

C サウナを利用し，かつ，プールも利用した男性会員の人数は，プールだけを利用した男性会員の人数より 3 人少なかった。

D サウナを利用せず，かつ，プールも利用しなかった会員の人数は30人であった。

以上から判断して，昨日，サウナを利用し，かつ，プールも利用した女性会員の人数として，正しいのはどれか。

1 5人

2 6人

3 7人

4 8人

5 9人

まず，男性のベン図で考えます。

条件 A と合わせて考え，**男性のプールだけを利用した者**を x とおき，男性だけの利用者のベン図を描くと右のようになります。

男性

サウナ 32 　　プール 17

$x-3$ 　 x

図から，**プールを利用した男性会員の人数** 17人で方程式を立てると，

$$(x-3)+x=17$$
$$2x=17+3$$
$$x=10$$

したがって，**プールだけを利用した男性会員は10人**とわかります。これより，サウナだけを利用した男性会員は，

$$32-(10-3)=25（人）$$

です。よって，サウナかプールを利用した男性会員の計は，

$$25+17=42（人）$$

ということがわかります。

次に，条件 D より，サウナかプールを利用した男女は

$$100-30=70（人）$$

したがって，サウナかプールを利用した女性会員の数は，

$$70-42=28（人）$$

このうち，**サウナとプール両方を利用した女性会員**は，条件 B より，

$$28-23=5（人）$$

解答のポイント

ベン図を利用するとき，数字を求めるのに，1か所を x とおいて方程式を立ててみると，次々と他の数字が見えてくることがあるよ。まずは，とりあえず，わかる数から出していき，最終目標の数字にたどり着けるよう頑張ろう！

正解 **1**

「集合」で知っておきたい知識の整理

キャロル図

　集合算で使うべき図としては，ベン図・キャロル図を覚えておきましょう。ベン図とキャロル図の使い分けについては，基本的にはベン図を使い，ベン図だとわかりにくい場合にキャロル図を使います。

　ベン図だとわかりにくく，キャロル図を使うと楽な場合の代表例として，「男性 or 女性」，「成人 or 未成年」，「既婚 or 未婚」など対等な条件が3つ以上ある場合が挙げられます。つまり，ベン図だと内側と外側に分かれてしまい，わかりにくいことがあります。なお，ベン図では表せないわけではなく，ベン図でも表せますがキャロル図のほうがわかりやすいということです。

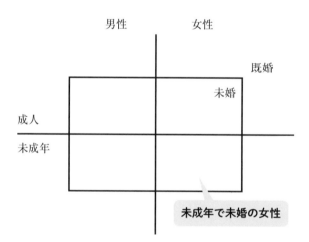

未成年で未婚の女性

規則性

重要度

B

平成28年
東京都

制限時間 ⏳ 4分

問題演習
記録

1回目 ☐ 2回目 ☐ 3回目 ☐

部分分数への分解

問題1 次の数列の和として，正しいのはどれか。

$$\frac{1}{1\times 2}, \frac{1}{2\times 3}, \frac{1}{3\times 4}, \frac{1}{4\times 5}, \frac{1}{5\times 6}, \cdots\cdots, \frac{1}{15\times 16}$$

1 $\dfrac{13}{16}$

2 $\dfrac{13}{15}$

3 $\dfrac{223}{240}$

4 $\dfrac{15}{16}$

5 $\dfrac{253}{240}$

問題文の数列の各項を部分分数に分解します。

$$\frac{1}{1\times 2}+\frac{1}{2\times 3}+\frac{1}{3\times 4}+\frac{1}{4\times 5}+\frac{1}{5\times 6}+\cdots\cdots+\frac{1}{15\times 16}$$

$$=\left(\frac{1}{1}-\frac{1}{2}\right)+\left(\frac{1}{2}-\frac{1}{3}\right)+\left(\frac{1}{3}-\frac{1}{4}\right)+\cdots\cdots+\left(\frac{1}{15}-\frac{1}{16}\right)$$

$$=\frac{1}{1}-\frac{1}{16}=\frac{15}{16}$$

セクション

3

規
則
性

このタイプの問題は，まともに計算していては，いくら時間があってもたりません。「**部分分数に分解する**」というテクニックを使います。中学入試にもよく出る問題です。

例えば，

$$\frac{1}{2\times 3}=\frac{1}{2}-\frac{1}{3}\qquad\text{(この左辺から右辺への変形を部分分数に分解するといいます)}$$

部分分数に分解する問題の例としては，少しレベルアップした次のようなものもあります。

$$\frac{1}{1\times 3}+\frac{1}{3\times 5}+\frac{1}{5\times 7}+\cdots\cdots$$

$$=\frac{1}{2}\left\{\left(\frac{1}{1}-\frac{1}{3}\right)+\left(\frac{1}{3}-\frac{1}{5}\right)+\left(\frac{1}{5}-\frac{1}{7}\right)+\cdots\cdots\right\}$$

解答のポイント

「**部分分数に分解する**」っていうのが最大のポイントだよ。そこに気付ければ，あとは最初の $\frac{1}{1}$ と最後の $\left(-\frac{1}{16}\right)$ だけを残して途中が全部消えてくれるから，あっという間に答えが出るね。このやり方を覚えておこう！

正解 **4**

規則的に増える図形

問題2 下図のように，白と黒の碁石を交互に追加して正方形の形に並べていき，最初に白の碁石の総数が120になったときの正方形の一辺の碁石の数として，正しいのはどれか。

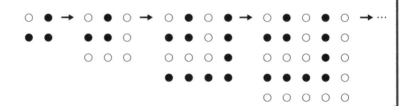

① 11

② 13

③ 15

④ 17

⑤ 19

まず，石を増やしていくときの規則性をみつけます。

　　　白：1, 5, 9, 13, 17, 21, 25, 29, …

　　　黒：3, 7, 11, 15, 19, 23, 27, 31, …

ですから，白石は，初項が1で，公差が4の等差数列になっています。

　等差数列の和の公式は，P46でやりましたが，下にも挙げておきます。

　今回は，2つの公式のうち，和の公式を使います。n 項までの白の和 S_n は

$$S_n = \frac{1}{2}n\{2a + (n-1)d\}$$

$$= \frac{1}{2}n\{2 \times 1 + (n-1) \times 4\}$$

$$= 2n^2 - n$$

これが，120だから，

　　　$2n^2 - n - 120 = 0$

　　　$(2n + 15)(n - 8) = 0$

$n > 0$ より，$n = 8$

　したがって，8番目の白までの和が120です。白の8番目は29個増えるときで，一辺の数を m とすると

　　　(縦の数) + (横の数) - (角の1個) = 29

　　　$2m - 1 = 29$

　したがって，$m = 15$

になります。

セクション

3

規則性

解答のポイント

　一見，そうは見えないけど，これは数列の問題だ。白の碁石と黒の碁石は別々に規則性を探す。最初の状態は別にして，外側に増える白に注目すると，5, 9, 13, ……（初項5公差4の等差数列になっているね）。7番目の29個増えたとき，最初の白1個も含めて，合計が120になる。白が外側になるときの正方形の一辺の個数を数えると，一辺の個数は，3, 5, 7, 9, 11, 13, 15, ……（初項3公差2の等差数列だ）。だから，7番目は15だ。正解は❸だね。最初の状態だけ別になるので注意が必要だよ。

正解 **3**

いろいろな数列

> **問題3** 次のア〜エは，それぞれ一定の規則により並んだ数列であるが，空欄 A 〜 D にあてはまる4つの数の和として，正しいのはどれか。
>
> ア　1, 5, 13, ［ A ］, 61, ……
> イ　2, 8, 44, 260, ［ B ］, ……
> ウ　3, 11, 43, ［ C ］, 683, ……
> エ　4, 14, 42, 88, ［ D ］, ……

1 1908

2 1918

3 1928

4 1938

5 1948

各数列の隣り合う数字との差をとり，数列の規則性をみていきます。

ア：1, 5, 13, A, 61, …

　差が 4, 8, …となっていて，前の差である 4 に 2 を掛けて次の数字である 8 になって いると推測できます。この推測を仮定して A の値を求めると，差は 4, 8, 16, 32 となる はずで，13 に差である 16 を加えると 29 となります。この 29 と 61 との差は 32 なので，推 測した差と一致し，A は 29 と確定します。

イ：2, 8, 44, 260, B, ……

　差は 6, 36, 216, ……となっていて，各数字が 6 の累乗（$6^1 = 6$，$6^2 = 36$，$6^3 = 216$） で表されていると推測できます。この推測を仮定して，260 に 6 の 4 乗を加えると B の値になるとして計算します。260 に $6^4 = 1296$ を加えると，B は 1556 となります。

ウ：3, 11, 43, C, 683, ……

　差は 8, 32, ……となっており，前の差である 8 に 4 を掛けて次の数字である 32 に なっていると推測できます。この推測を仮定して C の値を求めると，差は 8, 32, 128, 512, …となるはずであり，43 に差である 128 を加えると 171 となり，この 171 と 683 の差 は 512 なので，推測した差と一致し，C は 171 と確定します。

エ：4, 14, 42, 88, D, ……

　差は 10, 28, 46, ……となっており，この差の数列は 18 が公差の等差数列となってい ます。46 に 18 を加えた 64 を 88 に加え，D は 152 と確定できます。

　したがって，A 〜 D に当てはまる 4 つの数の和は，$29 + 1556 + 171 + 152 = 1908$ です。

解答のポイント

　高校数学で登場する数列には「等差数列」「等比数列」 「階差数列」があるよね。この問題はア〜エすべて階差数 列だね。数的推理の数列の問題がすべて，これらの数列に 当てはまるとは限らない（全くオリジナルの数列が出る場 合もある）けど，これら 3 種類の数列の特徴や公式は絶対 必要な知識だから，もう一度よく確認しておこう！

正解 **1**

重要度 **A**

数字の並び順の推定

問題
4

下図は，1 〜 81の数字を一定の規則に従ってマス目に埋めていく途中の状態を表したものである。この規則に従って残りのマス目に数字を埋めていくとき，図中の A のマス目を埋める数字として，妥当なのはどれか。

			28			
			35		44	
13	14	3	4	5	48	49
10	15	2	1	6	47	46
17	16	9	8	7	54	53
					58	
		A				
			70			

1 65

2 68

3 71

4 74

5 77

最初に着目すべき所は「1～9」の流れです。次に「10～18」の流れがどのように示されているかを，検討することになります。

すると，81マスのマス目を9マスの正方形に区切り，区切った9マスの正方形を一つひとつ右図の①のように，ひらがなの「の」を書くように「1～9」の数字が並んでいることがわかります。

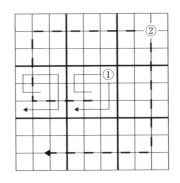

次に「10～18」，「19～27」，「28～36」……は，②のように区切った9マスの正方形を1つとして「の」を書くように並んでいることがわかります。

したがって，書き進めていくと，Aは70の5つ前の数65となります。

セクション
3
規則性

1から9までの並びの規則はすぐにわかるね。
10が何で離れたところにあるのか，なぜ，11，12が見えていないかなどと考えて，規則にたどり着こう！

解答のポイント

数列と暗号はどちらも親和性が高い。それはどちらも一定の規則性に基づいているから。この問題もそんな規則性に「気づけるかどうか」が勝負だ！　なにより，「隠された規則性を見つけ出してやる！」という気概が大事になる。中央の9マスとその左右の6マスが見えているから，それらを元に規則性を推理できれば，Aの含まれている9マスがわかってくるよ！

正解　1

重要度

A

平成21年
特別区

制限時間 ⏳ **4分**

問題演習
記録 [1回目] ／ ☐ [2回目] ／ ☐ [3回目] ／ ☐

規則的に並ぶ図形

問題 5 次の図のように，同じ長さの線でつくった小さな正三角形を組み合わせて，大きな正三角形をつくっていくとき，12段組み合わせるのに必要な線の合計の本数はどれか。

1段
2段
3段
4段
⋮
12段

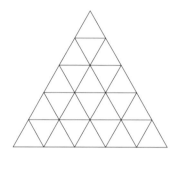

1 198

2 216

3 228

4 234

5 252

頂点が上にある（上向きの）小さい正三角形の数を各段について数えていきます。

線は，上向きの正三角形の辺の数と同じですから，下向きの正三角形は考えません。

　　　1段目　　　　正三角形1つ

　　　2段目　　　＋　正三角形2つ

　　　3段目　　　＋　正三角形3つ

　　　4段目　　　＋　正三角形4つ

　　　　　　　：

　このことから，各段目までには，1からその段数までの数の和の正三角形があることがわかります。

　したがって，12段までの線の数は，

$$(1+2+3+4+5+6+7+8+9+10+11+12)\times 3$$

$$=(1+12)\times \frac{12}{2}\times 3$$

$$=78\times 3$$

$$=234（本）$$

セクション

3

規則性

> 　下のポイント中の解説のように，各段は，前の段より線が3本増えると考えることもできるよ。

解答のポイント

　まずは，1段目から線の数を順に数えて規則性を見つけ出そう。すると，3, 6, 9, ……と初項3，公差3の等差数列になっていることがわかるね。「一般項の公式」を使えば，12段目は $3+(12-1)\times 3=36$ だ。ここまでくればあとはもう，「和の公式」を使って，一気に合計数を出してみよう。誰だい？　「全部数えてやる！」って思った人は。その気概は立派だけど，それじゃあ効率悪いし，数え間違えたらせっかくの努力が水の泡だよ。

正解 **4**

「規則性」で知っておきたい知識の整理

等差数列

「整数」P46参照

等比数列

同じ比で並んでいる数列。比の数字を「公比」といい，r であらわします。

例：2, 6, 18, 54, …… （初項 2，公比 3 の等比数列）

一般項（第 n 項）の公式	$a_n = a_1 r^{n-1}$

和の公式（S_n：a_1 から a_n までの和）	
$r < 1$ のとき	$S_n = \dfrac{a_1(1 - r^n)}{1 - r}$
$r > 1$ のとき	$S_n = \dfrac{a_1(r^n - 1)}{r - 1}$

階差数列

元の数列 $\{a_n\}$ の差をとった数列 $\{b_n\}$ が，等差数列や等比数列になっているとき，b_n を階差数列といいます。

例：$a_n =$　2,　3,　6,　11,　18　……
$b_n =$　(1),(3),(5),(7)

（b_n が初項 1，公差 2 の等差数列になっています。）

一般項の（第 n 項）の公式	$a_n = a_1 + \displaystyle\sum_{k=1}^{n-1} b_k$

（$\displaystyle\sum_{k=1}^{n-1} b_k$ とは，b_1 から b_{n-1} までの和の意味です。）

n

進法

重要度 S

平成30年
東京都

制限時間 ⏳ 3分

問題演習
記録

1回目 □／
2回目 □／
3回目 □／

n 進法の数の計算①

問題 1　2進法で1010110と表す数と，3進法で2110と表す数がある。これらの和を5進法で表した数として，正しいのはどれか。

❶ 102

❷ 152

❸ 201

❹ 1021

❺ 1102

2進法での1010110を10進法に変換すると，

$$1 \times 2^6 + 1 \times 2^4 + 1 \times 2^2 + 1 \times 2^1$$

$$= 64 + 16 + 4 + 2$$

$$= 86$$

また，3進法での2110を10進法に変換すると，

$$2 \times 3^3 + 1 \times 3^2 + 1 \times 3^1$$

$$= 54 + 9 + 3$$

$$= 66$$

よって，その和は，$86 + 66 = 152$。

10進法の152を5進法であらわすと，

$$152 = 125 \times 1 + 27$$

$$27 \ = 25 \times 1 + 2$$

より，$5^3 + 5^2 + 2$ だから，5進法では，1102となります。

$an^5 + bn^4 + cn^3 + dn^2 + en^1 + fn^0$ （a, b, c, d, e, f は0以上 n 未満の整数（$a \neq 0$））

と表される数は，n 進法では，

$$abcdef$$

とあらわすことができます。

セクション **4** n 進法

解答のポイント

　典型的な「n 進法」の問題だ。n 進法の問題は，n 進数 → 10進数への変換と10進数 → n 進数の変換ができれば何も恐れることはない！　本問も先に2進数 → 10進数，3進数 → 10進数と変換したら，次にその10進数同士の和を求め，最後に10進数 → 5進数と変換すればいい！　これは，絶対落とせない問題だね！　計算間違いだけは気を付けてね！

正解 **5**

重要度 S

平成21年
東京都

制限時間 ⏳3分

問題演習
記録

1回目 □
2回目 □
3回目 □

n 進法の数の計算②

> **問題2** 2進法では10101と表す10進法の数を X とし，3進法では201と表す10進法の数を Y とするとき，X ＋ Y の値を6進法で表した数として，正しいのはどれか。

1 100

2 101

3 102

4 103

5 104

まず，2進法と3進法であらわされた数を，それぞれ10進法であらわしてから X＋Y を計算し，その和を新たに6進法であらわすという手順で解きます。

2進法での10101を10進法に変換すると，

$$1 \times 2^4 + 1 \times 2^2 + 1 \times 2^0$$
$$= 16 + 4 + 1$$
$$= 21$$

3進法での201を10進法に変換すると，

$$2 \times 3^2 + 1 \times 3^0$$
$$= 18 + 1$$
$$= 19$$

よって，X＋Y を10進法であらわすと

$$21 + 19 = 40$$

10進法の40を6進法であらわすと，

$$40 = 36 + 4$$

より，$1 \times 6^2 + 4 \times 6^0$　だから，6進法では，104となります。

> 問題1と解き方は同じだよ。
> n進法の問題は，この解き方をマスターしておけば大丈夫だよ。

解答のポイント

　n進法の問題は，「n進数⇔10進数」のやり方をしっかり理解して，何度も練習して確実にものにすれば絶対得点源にできるからね。頑張ろう！

正解 **5**

セクション **4** n進法

「n進法」で知っておきたい知識の整理

n進法

　記数法の問題は「n進数」→「10進数」や「10進数」→「n進数」の変換を利用して，問題を解いていきます。

(1)　10進法→n進法の直し方

　　10進法の数値をnで（商がnより小さくなるまで）繰り返し割って，最後の商とそれまでの余りを逆の順番に並べます。

　　（例）10進法の10を3進法で表せ。

$$10 \div 3 = 3 \,余り\, 1$$
$$3 \div 3 = 1 \,余り\, 0$$

$$\begin{array}{r} 3 \,)\, \underline{10} \quad 余り \\ 3 \,)\, \underline{3} \cdots 1 \\ 1 \cdots 0 \end{array} \quad \boxed{101}$$

　　より，$101_{(3)}$ となります。

(2)　n進法→10進法の直し方

　　n進法の数値の1の位に1，nの位にn，n^2の位にn^2，n^3の位にn^3，……を掛けて足し算します。

　　（例）3進法の$101_{(3)}$を10進法で表せ。

$$1 \times 3^2 + 0 \times 3^1 + 1 \times 1 = 10$$

　　より，10となります。

重要度 **A**

2次関数の最大・最小

問題 1　ある自動車販売会社がトラックの販売価格を400万円としたところ，このトラックの月間販売台数は4,000台であった。次の月から，このトラックの販売価格を毎月5万円ずつ値下げするごとに月間販売台数が100台ずつ増えるものとするとき，月間売上額が最大となる販売価格として，正しいのはどれか。

　　ただし，税及び経費は考慮しない。

❶　290万円

❷　295万円

❸　300万円

❹　305万円

❺　310万円

x 月後の売上げの式を立てます。

400万円から，毎月 5 万円ずつ値下げすると，x 月後の販売価格は $(400 - 5x)$ 万円。販売台数4000台から毎月100台ずつ増えるとすると，x 月後の販売台数は $(4000 + 100x)$ 台です。

よって，その売上げは，

$$(400 - 5x)(4000 + 100x) \text{ 万円}$$

になります。これを，整理すると，

$$500(80 - x)(40 + x)$$
$$= 500(-x^2 + 40x + 3200)$$
$$= 500\{-(x - 20)^2 + 3200 + 400\}$$

上の式より，$x = 20$ とき，売上げは最大になります。

そのときの販売価格は，$400 - 5x$ に，$x = 20$ を代入して，

$$400 - 5 \times 20 = 300 \text{（万円）}$$

セクション **5** 方程式

解答のポイント

これは，売上額が最大になるときの販売価格を考える問題で x 月後の売り上げの式を立てると，x の 2 次式になる（解説参照）。2 次式において，最大や最小を求めるときに非常に有効なのが「平方完成」だ。平方完成って数 I で 2 次関数のグラフを書くときに使った方法なんだけど，覚えてるかな？　平方完成することで，最大，もしくは最小になるときの x が見えてくる。忘れてしまった人はよく復習しておこう！

正解 **3**

濃度①

> **問題2** 濃度7%の食塩水が入った容器Aと，濃度10%の食塩水が入った容器Bがある。今，容器A，Bからそれぞれ100gの食塩水を取り出して，相互に入れ替えをし，よくかき混ぜたところ，容器Aの濃度は9.4%になった。最初に容器Aに入っていた食塩水は何gか。

1 125g

2 150g

3 175g

4 200g

5 225g

天秤法を使って解きます。

最初, 容器 A に入っていた食塩水を x g とします。

A の容器で, 7 %の食塩水 $(x-100)$ g と10%の食塩水100g を混ぜたことによって, 9.4%の食塩水ができたことより,

$$(10-9.4) : (9.4-7)$$
$$= (x-100) : 100$$

つまり,

$$0.6 : 2.4$$
$$= 1 : 4 = (x-100) : 100$$

よって, $x=125$g とわかります。

参考までに, 天秤法を使わない方法でも解いてみます。

食塩を混ぜる前と混ぜたあとでは, 容器 A に入っている食塩の重さが,

$$100 \times 0.1 - 100 \times 0.07 = 3$$

より, 3 g 増えています。

最初に, 容器 A に入っていた食塩水を x g とすると,

$$x \times 0.094 - x \times 0.07 = 3$$
$$0.024x = 3 \qquad x = 125g$$

やはり, 天秤法を使ったほうが簡単ですね。

セクション **5** 方程式

解答のポイント

すっかりおなじみの食塩水の濃度の問題だ。本問のような2種類の食塩水を混ぜて, その濃度を求める食塩水の問題には「天秤法」が有効だね。天秤法は繰り返し練習して, 是非とも完璧にマスターしておこう。

正解 **1**

濃度②

 問題3 ある塩の水溶液A, Bは, 濃度が互いに異なり, それぞれが1,200gずつある。両方を別々の瓶に入れて保管していたところ, 水溶液Aが入った瓶の蓋が緩んでいたため, 水溶液Aの水分の一部が蒸発した結果, 100gの塩が沈殿した。

この沈殿物を取り除くと, 水溶液の重量は800gとなったが, これに水溶液Bのうちの400gを加えたところ, この水溶液の濃度は水溶液Aの当初の濃度と同じになった。

次に, 水溶液Aから取り出した沈殿物100gに, 水溶液Bのうちの500gを加えて溶かしたところ, この水溶液の濃度も水溶液Aの当初の濃度と同じになった。

水溶液Aの当初の濃度はいくらか。

なお, 沈殿物を取り除く際には, 水分は取り除かれないものとする。

1 22.5%

2 27.5%

3 32.5%

4 37.5%

5 42.5%

水溶液 A の濃度を x，水溶液 B の濃度を y とします。問題文前半の関係を濃度の式にすると，

$$\frac{1200x - 100 + 400y}{1200} = x$$

となります。これより，

$$y = 0.25$$

より，水溶液 B の濃度は25％です。

次に問題文後半の関係を濃度の式にすると，

$$\frac{100 + 500y}{600} = x$$

となり，これに，$y = 0.25$ を代入すると，

$$x = 0.375$$

よって，水溶液 A の当初の濃度は 37.5％です。

> 濃度の問題は，含まれる食塩（ここでは塩）の重さの，変化前と変化後の関係で方程式を作るのが鉄則だよ。

セクション
5
方程式

解答のポイント

この問題は「蒸発」という現象が含まれているね。本来「蒸発」は，水の量が減り，塩の量は減らないというのが原則だけど，この問題は，最初の A，B 濃度を x，y とし，最初 $1200x$ の量の塩だった A が蒸発の結果，塩が100g 沈殿して，しかもそれを取り除いているから，ここで塩の量100g は減っている。そして，そこに水溶液 B が400g 加えられているから，$400y$ だけ塩の量は増えている。だから，作業後の水溶液 A の塩の量は $1200x - 100 + 400y$ になるんだね。

正解 **4**

濃度③

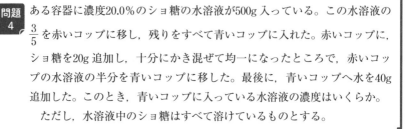

問題4　ある容器に濃度20.0%のショ糖の水溶液が500g入っている。この水溶液の $\frac{3}{5}$ を赤いコップに移し，残りをすべて青いコップに入れた。赤いコップに，ショ糖を20g追加し，十分にかき混ぜて均一になったところで，赤いコップの水溶液の半分を青いコップに移した。最後に，青いコップへ水を40g追加した。このとき，青いコップに入っている水溶液の濃度はいくらか。

ただし，水溶液中のショ糖はすべて溶けているものとする。

1 　18.0%

2 　18.5%

3 　19.0%

4 　19.5%

5 　20.0%

まず，問題文のとおりに図を描いて，文意を正確に把握します。問題文を区切って読んでいく際に，水溶液の重さとショ糖の重さに分けて算出していくと，まとめやすいです。

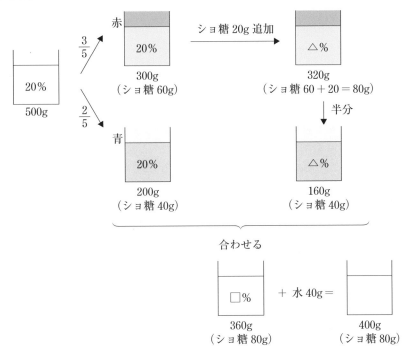

したがって，水溶液400g中にショ糖80gが溶けているときの濃度は，

$$\frac{80}{400} \times 100 = 20 \ (\%)$$

正解 **5**

セクション **5** 方程式

重要度 **B**

平成29年
国家一般職

制限時間 ⏳ **6分**

問題演習
記録

1回目 ／ □
2回目 ／ □
3回目 ／ □

割合

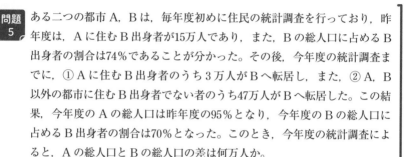

問題
5

ある二つの都市 A，B は，毎年度初めに住民の統計調査を行っており，昨年度は，A に住む B 出身者が15万人であり，また，B の総人口に占める B 出身者の割合は74%であることが分かった。その後，今年度の統計調査までに，① A に住む B 出身者のうち 3 万人が B へ転居し，また，② A，B 以外の都市に住む B 出身者でない者のうち47万人が B へ転居した。この結果，今年度の A の総人口は昨年度の95%となり，今年度の B の総人口に占める B 出身者の割合は70%となった。このとき，今年度の統計調査によると，A の総人口と B の総人口の差は何万人か。

　ただし，①及び②以外を原因とする，A，B の人口変動はないものとする。

① 769万人

② 775万人

③ 781万人

④ 787万人

⑤ 793万人

昨年の A の総人口を x 人とします。①の条件によると，A に住む B 出身者 3 万人が B へ転居し，今年度の A の総人口は昨年度の95％となったことより，

$$\frac{x-3}{x} = 0.95$$

この式を整理すると，$x = 60$万人となり，今年の A の総人口は，

$$x - 3 = 57 \ (万人) \ \cdots\cdots(\mathrm{i})$$

となります。

次に，昨年の B の総人口を y 人とします。昨年の B の総人口に占める B 出身者の割合は74％だから，昨年の B に住む B の出身者の人口は$0.74y$ と表せます。

①，②の条件によると，A に住む B 出身者 3 万人が B へ転居し，A，B 以外の都市に住む B 出身でない者のうち47万人が B へ転居したことにより，今年度の B の総人口に占める B 出身者の割合が70％となったことより，

$$\frac{0.74y + 3}{y + 47 + 3} = 0.7$$

この式を解くと，$y = 800$万人となります。

したがって，今年の B の総人口は，

$$800 + 47 + 3 = 850 \ (万人) \ \cdots\cdots(\mathrm{ii})$$

よって，今年の A と B の総人口の差は，

$(\mathrm{ii}) - (\mathrm{i})$より，

$$850 - 57 = 793 \ (万人)$$

セクション
5

方程式

解答のポイント

　都市 A，B の転居者についての条件が与えられているけど，前提として，問題文にある条件以外の転居はなかったものとして考えるんだよ。例えば，①で「A に住む B 出身者のうち 3 万人が B へ転居し」ってあるけど，A に住む B 出身者以外の人は何人転居したんだろう？　とか，余計な心配しないでいいからね。そこまで考え出すと，答えが出ないからね。

正解 **5**

制限時間 ⧖ 6分

不定方程式①

問題6　ある食堂のメニューは，A定食600円，B定食500円の2つの定食とサラダ150円の3種類である。ある日，この食堂を利用した人数は300人で，全員がどちらかの定食を一食選び，A定食の売れた数は，B定食の売れた数の $\frac{3}{7}$ より少なく，$\frac{2}{5}$ より多かった。この日のこの食堂の売上金額の合計が165,000円であるとき，サラダの売れた数として，正しいのはどれか。

❶ 41

❷ 42

❸ 43

❹ 44

❺ 45

不等式と不定方程式を利用する問題です。

まずは，A定食の売れた数を x とすると，食堂利用者の人数は300人なので，B定食の売れた数は $300-x$ と表せます。x に関して，不等式を立てると，

$$\frac{2}{5}(300-x) < x < \frac{3}{7}(300-x)$$

すべての辺に35を掛けると，

$$14(300-x) < 35x < 15(300-x)$$

これを，整理すると，

$$85.71\cdots\cdots < x < 90$$

この範囲の整数 $x=86,\ 87,\ 88,\ 89\cdots\cdots$ ①　のいずれかになります。

次に，サラダの売れた数を y として，売上金額の式を立てると，

$$600x+500(300-x)+150y=165000$$

これを，整理すると，

$$2x+3y=300\quad\cdots\cdots ②$$

これを，変形して，

$$2x=3(100-y)$$

となります。これは，x が3の倍数であることをあらわしています。

①の範囲を考えると，$x=87$ であることがわかります。

この値を，②式に代入すると，$y=42$ となります。

セクション

5

方程式

解答のポイント

　本問は一見すると，シンプルな不等式の問題かな。と思わせておいて，実は不定方程式をからませた問題なんだね。敵もなかなか凝ったことをする。（笑）A定食の売れた数を x，サラダの売れた数を y として，売り上げの式を立てるんだけど，x，y の2種類の未知数に対して，方程式は売り上げの式しかできないしね。そのために不等式を利用する。まあ，他には選択肢がサラダの個数なので，それを②の式に代入してみるって方法もあるね。

正解 **2**

重要度 S

平成24年
国家一般職 ｜ 制限時間 ⏳5分 ｜ 問題演習記録 1回目／□ 2回目／□ 3回目／□

不定方程式②

問題7 80円，30円，10円の3種類の切手を，合わせて30枚，金額の合計でちょうど1,640円になるように買い求めたい。このような買い方に合致する切手の枚数の組合せは何通りあるか。

1 1通り

2 2通り

3 3通り

4 4通り

5 5通り

　80円切手，30円切手，10円切手をそれぞれ x 枚，y 枚，z 枚買ったとします。合計枚数，合計金額の関係を式にすると，次のようになります。

$$x + y + z = 30 \quad \cdots\cdots ①$$

$$80x + 30y + 10z = 1640 \quad \cdots\cdots ②$$

①より，

$$z = 30 - x - y \quad \cdots\cdots ③$$

③を②に代入して整理すると

$$80x + 30y + 10(30 - x - y) = 1640$$

$$70x + 20y = 1340$$

$$7x = 134 - 2y$$

$$7x = 2(67 - y) \quad \cdots\cdots ④$$

④より，x は偶数であり，$(67 - y)$ は 7 の倍数であることがわかる。

また，$0 \leqq x \leqq 20$，$0 \leqq y \leqq 30$ だから，

x	18	16	14
y	4	11	18
z	8	3	

以上の 2 通りしかない。

セクション 5　方程式

> 　場合をあらいだすときは，いちばん値段の高い80円切手の枚数，つまり，x の偶数で考えられるもっとも大きいものから当てはめ，減らしていくといい。
> 　ただ，この問題の場合は例外として，$(67 - y)$ が 7 の倍数という，より絞り込める条件があるので，そちらからアプローチしたほうがいいよ。

解答のポイント

　この問題も「不定方程式」だね。①と②の式から z を消去して，x と y だけの式にしたのが④の式だ。
　④の式 $7x = 2(67 - y)$ から x は 2 の倍数，また，$67 - y$ は 7 の倍数という特徴がみえてくる。特に $67 - y$ が 7 の倍数になるには，$y = 4,\ 11,\ 18 \cdots\cdots$ という数字であることがわかるよね。そうなったら，実際にそれらの数字を代入して，x や z の値を出し，最終的に条件に合うものを数えればいい。これが典型的な不定方程式の解法だ！

正解 **2**

重要度 C

平成22年
特別区

制限時間 ⏳ 5分

問題演習
記録

1回目／□　2回目／□　3回目／□

不定方程式③

> **問題8**　ある花屋で，バラ，ダリア，キクの3種類の花を買ったところ，代金は合計で2,548円であった。それぞれの1本当たりの価格が，バラ221円，ダリア156円，キク117円のとき，バラを買った本数として有り得るのはどれか。

①　3本

②　4本

③　5本

④　6本

⑤　7本

バラ221円，ダリア156円，キク117円の3種類の花を買ったところ，代金の合計は2,548円であり，買ったバラの本数が選択肢となっています。この条件しかないので，**選択肢を有効的に用います。**

	バラの本数	バラの代金	代金の残高
1	3本	663円	1,885円
2	4本	884円	1,664円
3	5本	1,105円	1,443円
4	6本	1,326円	1,222円
5	7本	1,547円	1,001円

ここで，バラ以外の花1本あたりの価格に着目します。ダリア156（3×52）円と，キク117（3×39）円は3の倍数だから，この2種類の花を何本か買った代金の合計も3の倍数なので，表の代金の残高が3の倍数である選択肢が正解となります。各位の数字の和が3の倍数であれば，元の数字も3の倍数となることから，1,443円のみが3の倍数です。

ここまでで，解答は出ますが（実際の試験では，ここで解答を記入して次の問題にいってください），ここでは，念のためバラが5本で，他の2種類をぴったり買うことができるか検証してみます。

$$1443 = 3 \times 481$$
$$481 = 52 \times 9 + 13$$
$$= 52 \times 8 + 65$$
$$= 52 \times 7 + 117$$
$$= 52 \times 7 + 39 \times 3$$

となり，バラ5本，ダリア7本，キク3本で当てはまりました。

解答のポイント

「未知数の数 ＞ 立式できる方程式の数」の問題を「不定方程式」の問題というんだよ。本問はバラ，ダリア，キクの本数を未知数にしてそれぞれ，x, y, z の3つにして，立式すると，$221x + 156y + 117z = 2548$ の1つしかできないよね。これは普通の連立方程式の考え方では解けないから，選択肢を利用するのが効率的な解き方だ！

正解 **3**

セクション **5** 方程式

重要度 **A**

平成28年
国税専門官

制限時間 ⏳ **4分**

問題演習
記録

1
回目 ／ ☐

2
回目 ／ ☐

3
回目 ／ ☐

最大公約数の利用

問題 9

長さ50mのプールでA，B，Cの3人がプールの端にある同じスタート地点を同時に出発して往復しながらある同じ距離を泳いだ。Aは10分間でゴールし，BはAより5分遅れでゴールし，CはBより3分遅れでゴールした。

同様に，3人が同時に出発し，往復しながら泳ぎ続けたとき，再度3人が同時にスタート地点と同じ場所に到達するまでにAが泳いだ距離は最小でいくらか。

ただし，3人はそれぞれ一定の速さで泳ぐものとし，身長や折り返しにかかる時間は考慮しないものとする。

1 600m

2 800m

3 900m

4 1,200m

5 1,500m

同じ距離を泳ぐのに，A は 10 分，B は 15 分（10 ＋ 5），C は 18 分（15 ＋ 3）かかります。距離が一定であれば，**速度の比＝時間の逆比（逆数の比）**より，

$$\text{A の速度：B の速度：C の速度} = \frac{1}{10} : \frac{1}{15} : \frac{1}{18} = 9 : 6 : 5$$

同一の時間内であれば，**速度の比 ＝ 距離の比**であることを利用します。

本問では，3 人が同時に出発し，同時にスタート地点に戻ってくるときの A の距離ということなので，それぞれが泳いだ距離は

$$50 \times 2 = 100 \, (\text{m})$$

単位のはずです。

よって，9 と 6 と 5 と 100 の最小公倍数を求めます。

そうすると，900m とわかるので，このとき，B の距離 = 600m，C の距離 = 500m となり，条件と一致します。

> 同じ時間で進む距離が，9：6：5 から，
>
> $$6 - 5 = 1$$
>
> より，比の 1 に当たる数が，プール 1 往復分の 100m と考えることもできるよ。

解答のポイント

ダイヤグラムを作ってみてもいいよね。ダイヤグラムは「速度と距離」の問題に効果を発揮することがあるから，作り方を覚えておくといいよ。ダイヤグラムは一種の図形だから図形の性質（相似関係等）が利用できて，すごく便利だよ。

正解 **3**

重要度 S

平成27年
東京都

制限時間 ⏳4分

問題演習
記録
1回目 ／ □
2回目 ／ □
3回目 ／ □

不等式

問題10 あるテニスサークルの夏合宿において，一次募集した参加人数を基に部屋割りを検討したところ，次のア〜ウのことが分かった。

ア　全ての部屋を8人部屋に設定すると，23人の参加者を二次募集できる。

イ　全ての部屋を6人部屋に設定すると，8人分以上の部屋が不足する。

ウ　8部屋を8人部屋に設定し，残りの部屋を6人部屋に設定すると，6人以上の参加者を二次募集できる。

以上から判断して，一次募集した参加人数として，正しいのはどれか。

① 73人

② 97人

③ 105人

④ 119人

⑤ 121人

部屋数を x と置くと，条件アより，一次の参加人数は，

$$8x - 23 \text{（人）}$$

と書けます。

条件イも考慮すると，

$$6x + 8 \leqq 8x - 23$$

これを解いて，

$$15.5 \leqq x \quad \cdots\cdots ①$$

また，**条件ウより**，

$$8x - 23 + 6 \leqq 8 \times 8 + 6(x - 8)$$

これを解いて，

$$x \leqq 16.5 \quad \cdots\cdots ②$$

①，②より，$x = 16$。

よって，一次の参加人数は，

$$8 \times 16 - 23 = 105 \text{（人）}$$

一瞬，中学の連立方程式の過不足の問題のように見えるけど，さすがにそんな単純な問題ではないね。

解答のポイント

不等式の問題だ。問題文の表現がわかりにくいよね。「すべての部屋を 8 人部屋にすると，23 人の参加者を 2 次募集できる」っていうのは，現段階の人数は23人分，部屋に余裕ができているってことだね。だから部屋数を x とすると，現段階の人数 $= 8x - 23$ になる。また「すべての部屋を 6 人部屋にすると，8 人分以上の部屋が不足する」ということは，6 人部屋だと人が 8 人以上入れない人が出るってことだから，現段階の人数 $\geqq 6x + 8$ ということになるね。うまく不等式にできたかな？

正解 **3**

セクション **5**

方程式

重要度 **S**

平成26年
特別区

制限時間 ⏳ **3分**

問題演習
記録

1回目 ／☐　2回目 ／☐　3回目 ／☐

流水算①

> **問題 11** ある川に沿って，20km 離れた上流と下流の 2 地点間を往復する船がある。今，上流を出発した船が，川を下る途中でエンジンが停止し，そのまま24分間川を流された後，再びエンジンが動き出した。この船が川を往復するのに，下りに 1 時間，上りに 1 時間を要したとき，川の流れる速さはどれか。ただし，静水時における船の速さは一定とする。

① 5 km／時

② 6 km／時

③ 7 km／時

④ 8 km／時

⑤ 9 km／時

静水での船の速さを a m／分，川の流れの速さを b m／分，とします。

条件より，進んだ距離の方程式を立てると，

下り：　$36(a+b)+24b=20000$ …… ①

上り：　$60(a-b)=20000$ …… ②

整理して

①より，　$36a+60b=20000$ …… ③

②より，　$60a-60b=20000$ …… ④

③×5－④×3（a を消去する）

$480b=40000$

$12b=1000$

$60b=5000$

60分間に5000m だから，時速5 km となります。

③＋④で簡単に b は消去できるけど，求めるのが b なので，左の計算のほうがいいね。

求めるのは$60b$ だよ。

セクション

5

方程式

「流水算」だね。下りの速度は（船の速度＋川の速度），上りの速度は（船の速度－川の速度）だ！　本問は川の距離がわかっているから，速さ×時間＝距離の式に持ち込んで連立方程式を解けばいい。エンジンが停止していたのは24分間だから，エンジンが動いていたのは $60-24=36$ 分間だね。あたり前だけど，エンジンが停止している間は川の速度だけで船は進むよ。気を付けて！

正解 **1**

流水算②

問題 12　秒速0.5mで動く長さ150mの動く歩道が二つ平行に設置されており，一つは，甲地点から乙地点に向かって，もう一つは乙地点から甲地点に向かって動いている。Aが甲地点から動く歩道に乗り，その上を秒速1.0mで歩いていたところ，甲地点を出て40秒後に，反対方向から動く歩道に乗ってきたBとすれ違った。すれ違う瞬間にBに気付いたAは，Bに追い付くため，歩く速さを上げて乙地点まで行き，Bが乗っている動く歩道に乗り換え，その上を乗り換える直前と同じ速さで歩いたところ，終点の甲地点でちょうどBに追い付いた。

　このとき，Bとすれ違った後のAが動く歩道の上を歩く速さはいくらか。ただし，Bは動く歩道の上で歩いていないものとする。また，AがBに追い付くための歩く速さは一定とし，さらに，Aが乙地点で動く歩道を乗り換えるために要した時間は無視するものとする。

① 秒速 1.1m

② 秒速 1.2m

③ 秒速 1.5m

④ 秒速 1.6m

⑤ 秒速 1.8m

秒速0.5mの動く歩道の上を秒速1.0mで歩いたのだから，AがBとすれ違うまでに移動していた速度は秒速1.5mです。

よって，2人がすれ違ったのは，

$$1.5 \times 40 = 60 \ (\text{m})$$

より，甲地点から60mのところです。

一方，Aとすれ違った地点から甲地点へ到着するまでにBがかかる時間は，

$$\frac{60}{0.5} = 120 \ (\text{秒})$$

です。この時間の中でAが走らなければならない距離は，残りの90mと，更に150mで，240mになります。

そこで，AがBとすれちがったあとの速さを v m/秒とすると，実際には動く歩道の進行方向に進むので，$0.5 + v$ の速さになります。

以上より，

$$\frac{240}{v + 0.5} = 120$$

これを解いて $v = 1.5$ m/秒です。

> 歩道の速さを含めた速さを v として解くこともできるよ。

セクション ⑤ 方程式

解答のポイント

これも「流水算」の一種だ。動く歩道と同じ向きに歩いているときの速さは，（歩く速さ＋歩道の速さ）だね。Bさんは動く歩道に乗ってはいるけど，Aと違って歩いてはいないからその速さは歩道の分しかないよ。注意してね！

正解 **3**

重要度

B

平成23年
国税専門官

制限時間 ⏳ **5分**

問題演習
記録

1回目 ☐／
2回目 ☐／
3回目 ☐／

流水算③

問題13

静水での速度が同じ2隻の船があり，川の上流にあるA町と下流にあるB町の間を往復している。船は一定の速度で運航するが，川が上流から下流に向けて一定の速度で流れているため，B町からA町へ行くのに要する時間は，A町からB町へ行くのに要する時間の1.5倍になる。

いま，2隻の船が，それぞれA町，B町を同時に出発し，B町から12kmの地点ですれ違った。2隻の船はそれぞれA町，B町で同じ時間だけ停船してから，また出発した町に向けて復路運航を始めた。そして，A町を折り返した船は1時間，B町を折り返した船は2時間15分，それぞれ復路運航した後に，再び2隻はすれ違った。このとき，川の流れの速さはいくらであったか。

1 2 km／h

2 3 km／h

3 4 km／h

4 5 km／h

5 6 km／h

　川の流れを a km／h，船の静水での速さを b km／h とおきます。下流の B 町から上流の A 町へ行くのにかかる時間は，上流の A 町から下流の B 町へ行くのにかかる時間の1.5倍になることから，上流の A 町から下流の B 町へ行くのにかかる時間を x 時間とすると，下流の B 町から上流の A 町へ行くのにかかる時間は $1.5x$ 時間となります。

　ここで，A 町と B 町の間の距離は等しいことから式を立てると，

$$(b+a)x = 1.5(b-a)x$$
$$2.5a = 0.5b$$
$$5a = b$$

となり，船の速さは川の流れの 5 倍であることがわかります。

　これを使って，問題文の第二段落目以降の条件を検討します。B 町を出発した船の速さは $(5a-a=)\,4a$ km／h で，A 町，B 町を同時に出発し，B 町から12km の地点ですれ違ったことから，出会うまでにかかる時間は

$$12 \div 4a$$

とあらわすことができます。この時間と同じだけ A 町を出発した船（速さ $6a$ km／h）も進んでいるので，A 町から出会ったところまでの距離は，

$$6a \times \frac{12}{4a} = 18 \ (\text{km})$$

となるので，A 町と B 町との距離は

$$12 + 18 = 30 \ (\text{km})$$

とわかります。後半の問題文で注意しなければならないのは，復路運航した後の条件が与えられていて，A 町を折り返してからの時間で 1 時間後，B 町を折り返してからの時間で 2 時間15分後に，再び船はすれ違っている点です。つまり，A － B 町間の距離についての式を立て，川の流れの速さを求めます。

$$6a \times 1 + 4a \times 2\frac{1}{4} = 30$$

$$a = 2 \ (\text{km} / \text{h})$$

解答のポイント

　船が川の流れに沿って往復する，いわゆる「流水算」の問題だね。船が上流から下流へと川を下って行く時は，その速度は（船の速度＋川の速度）になるし，船が下流から上流へと川を上って行く時は，その速度は（船の速度－川の速度）になる。これが流水算の基本だ！

正解 **1**

重要度 **S**

平成26年
国家専門職

制限時間 ⏳ **6分**

問題演習
記録

1回目 ／ □
2回目 ／ □
3回目 ／ □

年齢算

 問題 14　ある2人の現在の年齢の積と1年後の年齢の積を比べると，その差は90であった。また，何年か前のこの2人の年齢の積は1000であった。この2人の現在の年齢の積はいくらか。

1 1922

2 1924

3 1926

4 1928

5 1930

2人を甲と乙として，甲が a 歳，乙が b 歳として，最初の条件について式を立てると，

$$(a+1)(b+1) - ab = 90$$

より，

$$a + b = 89 \cdots\cdots ①$$

また，2番目の条件を x 年前として，

$$(a-x)(b-x) = 1000$$

より，

$$ab - x(a+b) + x^2 = 1000 \cdots\cdots ②$$

①を②に代入して整理すると，

$$x^2 - 89x + ab - 1000 = 0 \cdots\cdots ③$$

③は整数解を持つから，因数分解されるはずです。

89を2数に分けて積が選択肢にあるものは，37と52。$37 \times 52 = 1924$ 因みに，その際③の x は12となります（77は不適）。

セクション 5 方程式

> 選択肢によらない方法を考えてみよう。
>
> $$1000 = 2^3 \times 5^3$$
>
> で，$a + b = 89$ だから，
>
> $$(a-x)(b-x) = 1000$$
>
> より，差が88以内で積が1000になる2数を探すよ。
>
> すると，$(20, 50)$，$(25, 40)$ が該当するね。
>
> $(20, 50)$ は当てはまる整数 a, b, x はないよ。
>
> $(25, 40)$ のとき，$(a, b) = (37, 52)$，$x = 12$
>
> となり，条件を満たしているね。

解答のポイント

年齢について考える，いわゆる「年齢算」だ。ここで気を付けることは，「誰でも平等に歳をとる」ということ。あたり前だって？　そうだね。具体的にいうと，x 年後の年齢は，現在の年齢より全員 $+x$ する必要があるし，y 年前の年齢となれば，現在の年齢より全員 $-y$ して考えなければいけないってこと！

正解 **2**

重要度 **S**

平成26年
国家一般職

制限時間 ⏳ **5分**

問題演習
記録

1回目 ／ □ 2回目 ／ □ 3回目 ／ □

仕事算①

問題
15

A～Dの4人がある作業をA, B, C, D, A, B…の順に10分交代で1人ずつ行ったところ、2巡目の最後にDが4分作業を行ったところで作業が全て終了した。

同じ作業を、B, C, D, A, B, C…の順に10分交代で1人ずつ行ったところ、Aから作業を始めたときに比べ、5分短い時間で作業が全て終了した。

同様に、C, D, A, B, C, D…の順に10分交代で1人ずつ行ったところ、Aから作業を始めたときに比べ、3分長い時間で作業が全て終了した。

この作業をCだけで行ったところ、Aから作業を始めたときに比べ、10分長い時間で作業が全て終了した。

このとき、AとDが同時にこの作業を行うと、作業が全て終了するのに要する時間はいくらか。

なお、4人の時間当たり作業量はそれぞれ常に一定である。

1 44分

2 48分

3 52分

4 56分

5 60分

A〜Dがそれぞれ1人で全部の作業をするのに，A〜D分かかるとすると，次の式となります。

$$\frac{20}{A}+\frac{20}{B}+\frac{20}{C}+\frac{14}{D}=1 \cdots\cdots ①$$

$$\frac{10}{A}+\frac{20}{B}+\frac{20}{C}+\frac{19}{D}=1 \cdots\cdots ②$$

$$\frac{20}{A}+\frac{17}{B}+\frac{20}{C}+\frac{20}{D}=1 \cdots\cdots ③$$

$$\frac{84}{C}=1 \quad C=84 \cdots\cdots ④$$

①－②より，

$$\frac{2}{A}=\frac{1}{D}$$

これより，A：D＝2：1 ……⑤

①－③より，

$$\frac{1}{B}=\frac{2}{D}$$

これより，B：D＝1：2 ……⑥

⑤と⑥より，A：B：D＝4：1：2 ……⑦

⑦より，

A＝4B，D＝2B ……⑧

④と⑧を①に代入して，

B＝42，A＝168，D＝84

以上をAとDが同時にこの作業を行う場合に当てはめます。

$$\frac{1}{A}+\frac{1}{D}=\frac{1}{168}+\frac{1}{84}=\frac{3}{168}=\frac{1}{56}$$

したがって，56分かかります。

解答のポイント

　この問題は「仕事算」だ。「全体の作業量を1」としている。A1人でA分かかるとすると，1分当たりの作業量は$\frac{1}{A}$だね。だから20分だと，その作業量は$\frac{20}{A}$になるんだ。わかったかな？

正解 4

セクション 5 方程式

重要度

平成24年
国家一般職

制限時間 ⏳4分

問題演習
記録 1回目／□ 2回目／□ 3回目／□

仕事算②

問題
16

空の貯水槽がある。ホースA, B, Cを用いて，この貯水槽に水をためることができる。ホース二つを同時に用いる場合，AとBでは36分，BとCでは45分，AとCでは60分で貯水槽がいっぱいになる。

ホースA, B, Cの三つを同時に用いる場合には，この貯水槽をいっぱいにするのにかかる時間はいくらか。

① 18分

② 21分

③ 24分

④ 27分

⑤ 30分

ホース A だけなら貯水槽をいっぱいにするのに a 分，B だけなら b 分，C だけなら c 分かかるとすると，

$$\frac{1}{a} + \frac{1}{b} = \frac{1}{36}$$

$$\frac{1}{b} + \frac{1}{c} = \frac{1}{45}$$

$$\frac{1}{c} + \frac{1}{a} = \frac{1}{60}$$

この 3 つの式を足すと，

$$2\left(\frac{1}{a} + \frac{1}{b} + \frac{1}{c}\right) = \frac{1}{36} + \frac{1}{45} + \frac{1}{60} = \frac{12}{180} = \frac{1}{15}$$

したがって

$$\frac{1}{a} + \frac{1}{b} + \frac{1}{c} = \frac{1}{30}$$

よって，ホース A, B, C の 3 つを同時に用いる場合には，30分で貯水槽をいっぱいにすることができます。

> 3 つの数量の 2 つずつの和がすべてわかっているときは，3 つの数量の和は，このように，全部足して 2 で割る方法をとるよ。

解答のポイント

> いわゆる「仕事算」だね。全体の量を 1 として，A のホースだけでいっぱいにするのに a 分かかるとすると，1 分当たりの量は，$\frac{1}{a}$ になるよね。あとは，b, c も同様に値を出して，方程式を立てていけばいい。まずは，全体の量を 1 と置くことが重要だ！

正解 **5**

売買損益

> **問題17**　ある店が，定価800円の弁当を60個販売しようとしたところ，売れ残りが出そうだったので途中から定価の100円引きで売ったが，それでも売れ残ったため最終的に定価の300円引きで売ったところ完売した。売上額を計算したところ，60個全てを定価で売った場合よりも売上額が5,500円少なく，また，値引きして売った弁当の総数は30個よりも少なかった。このとき，それぞれの価格で売れた弁当の数の組合せが何通りか考えられるが，そのうち定価で売れた弁当の数が最も多い組合せにおいて，定価の300円引きで売れた弁当の数はいくつか。
>
> ただし，それぞれの価格で売れた弁当の数は1個以上あるものとする。

❶ 12個

❷ 14個

❸ 16個

❹ 18個

❺ 20個

定価の100円引きが x 個，300円引きが y 個，定価販売が z 個だったとします。

少ない売り上げに関して，

$$100x + 300y = 5500$$

より，$3y = 55 - x$。

また，定価販売の数 z が最大であるということは，上の式を満たす x，y の組合せのうち y を最大にするときとわかります。

x は1以上なので，$x = 1$ のとき，$y = 18$ で，300円引きが18個となります。

> $$x + y + z = 60$$
>
> の式を作ってしまうとはまってしまうよ。
>
> 　問題を見ただけでは，上の解説のようにシンプルに解ける問題とは思えないね。
>
> 　中には，このように，見方によってあっという間に解けてしまう問題もあるよ。

解答のポイント

　100円引きで売った個数を x，300円引きで売った個数を y とし，その減額分の合計が5500ということで，$100x + 300y = 5500$ → $x + 3y = 55$，定価販売の個数を最大にする＝割引弁当の個数を最小にする。ということなので，x よりも y を増やすほうが全体の割引弁当の個数は少なくて済む（割引金額が大きいから）。$3y$ を55に最も近づけるには $y = 18$ となるね。

正解 **4**

重要度 **S**

平成25年
特別区

制限時間 ⏳ **3分**

問題演習
記録

1回目 ／ □　2回目 ／ □　3回目 ／ □

ニュートン算①

問題 18　映画館でチケットを売り始めたとき，既に行列ができており，発売開始後も毎分10人ずつ新たに行列に加わるものとする。窓口が1つのときは1時間で行列がなくなり，窓口が3つのときは15分で行列がなくなる。チケットを売り始めたときに並んでいた人数はどれか。ただし，どの窓口も1分間に同じ枚数を売るものとする。

1　1200人

2　1300人

3　1400人

4　1500人

5　1600人

もともと並んでいた人数を x 人，1つの窓口が1分間に販売できる人数を y としま
す。

条件を式にしてみると，

$$\begin{cases} x\ (\text{人}) + 60\ (\text{分}) \times 10\ (\text{人／分}) = 60\ (\text{分}) \times y\ (\text{人／分}) \\ x\ (\text{人}) + 15\ (\text{分}) \times 10\ (\text{人／分}) = 15\ (\text{分}) \times 3y\ (\text{人／分}) \end{cases}$$

これより，

$$15y = 450$$
$$y = 30$$

よって，

$$x + 600 = 60 \times 30$$

より，

$$x = 1200\ (\text{人})$$

　ニュートン算は，中学や高校の授業では習わない問題だ。中学入試や公務員試験など，その場で考える思考力をみる問題として出題されやすいよ。

　とはいえ，ある程度のパターンをつかんでおけば，格段に解く時間も短くなり，答えも間違えないから，何を文字にするかなどをよく理解しておこう。

解答のポイント

　これは「最初の量＋時間に伴う変化量」だから「ニュートン算」だ。最初に並んでいた人の数を x，後から加わる人数は1分当たり10人と条件に与えられているから，窓口1つの1分当たりに処理できる人数を y と置いているのがポイントだね。

正解 **1**

重要度 S

平成23年
東京都

制限時間 ⏳3分

問題演習
記録
1回目 ／ □
2回目 ／ □
3回目 ／ □

ニュートン算②

問題19 ある施設に設置されたタンクには，常に一定の割合で地下水が流入しており，このタンクにポンプを設置して排水すると，3台同時に使用したときは21分，4台同時に使用したときは15分でそれぞれタンクが空となる。この場合，このタンクを7分で空にするために必要なポンプの台数として，正しいのはどれか。ただし，排水開始前にタンクに入っていた水量はいずれも等しく，ポンプの毎分の排水量はすべて等しくかつ一定である。

1 6台

2 7台

3 8台

4 9台

5 10台

　流水の問題ですが，ニュートン算（チケットの売りさばき）と同じ考え方で解きます。

　一定の割合で流入する量を毎分 a，1台のポンプが排水する量を毎分 b，排水開始前にタンクに入っていた水量を c とすると，

　　　　3台使用：　　$21a + c = 3b \times 21$　……①

　　　　4台使用：　　$15a + c = 4b \times 15$　……②

①より，

　　　　$21a + c = 63b$　……③

②より，

　　　　$15a + c = 60b$　……④

③－④より，

　　　　$6a = 3b$

　　　　$2a = b$

これを，③に代入して，

　　　　$c = 105a$

7分で空にするために必要なポンプの台数を x とすると，

　　　　$7a + c = xb \times 7$

　　　　$112a = 14ax$

　　　　$x = 8$

セクション **5** 方程式

解答のポイント

　「最初の量＋時間に伴う変化量」の問題，それが「ニュートン算」だ。ここでは，最初の水量を c とし，1分当たりに流入してくる水量を a，1分当たりに1台のポンプが排水する水量を b として方程式を立てているね。最初の量，時間当たりの変化量をそれぞれ文字にして方程式を立てる。これが「ニュートン算」の基本だ！

正解 **3**

重要度 B

平成25年
東京都

制限時間 ⏳ 5分

問題演習
記録

1回目 □
2回目 □
3回目 □

連立方程式の利用

問題 20 　2本の新幹線 A，B が T 駅に到着したとき，新幹線 A，B の乗客数の合計は2,500人であり，到着後，新幹線 A から降りた乗客数は新幹線 B から降りた乗客数の2倍であった。出発までに新幹線 A には170人，新幹線 B には116人が乗ったため，T 駅に到着したときに比べ出発したときの乗客数は，新幹線 A が5％，新幹線 B が6％増加した。T 駅を出発したときの新幹線 A，B の乗客数の合計として，正しいのはどれか。

① 2628人

② 2632人

③ 2636人

④ 2640人

⑤ 2644人

新幹線 A が T 駅に到着したときの乗客の数を x とします。

すると，新幹線 B が T 駅に到着したときの乗客の数は，$(2500-x)$ 人と表せます。

新幹線 B から T 駅で降りた人の数を a 人とすると，新幹線 A から T 駅で降りた人の数は $2a$ 人と表せます。

新幹線 A は x 人から $2a$ 人降り，170 人乗ったら乗客が 5% 増加したことを式であらわすと

$$x - 2a + 170 = 1.05x \quad \cdots\cdots ①$$

となり，新幹線 B についても同様に式にすると

$$(2500 - x) - a + 116 = 1.06(2500 - x) \quad \cdots\cdots ②$$

①を整理すると

$$0.05x + 2a = 170 \quad \cdots\cdots ③$$

②を整理すると

$$0.06x - a = 34 \quad \cdots\cdots ④$$

③+④×2 で

$$0.17x = 238$$
$$x = 1400$$

T 駅を出発するときの新幹線 A，B の乗客の和は，

$$1400 \times 1.05 + 1100 \times 1.06 = 2636 （人）$$

セクション ❺ 方程式

解答のポイント

　条件が細かくてややこしいけど，落ち着いて考えよう。T 駅に到着したときの新幹線 A，B の乗客がわかってないので，それぞれを A，B とおけば，A＋B＝2500（①）が成立するし，また，「A から降りた乗客は B から降りた乗客の 2 倍だった」とあるので，B から下りた乗客数を x とすると，A から降りた乗客数は $2x$ と表せるよね。他の条件から，$-2x + 170 = 0.05A$（②）と $-x + 116 = 0.06B$（③）も成立する。②，③式から，A，B を x であらわし，①に代入すれば，$x = 50$ が求められるので，T 駅を出発したときの乗客数の合計は，$2500 - (3 \times 50) + (170 + 116) = 2636$ となるね。式さえ立てられれば，あとは連立方程式の問題だ。

正解 **3**

速さの比

問題 21

坂の上のA地点を出発して坂の下のB地点との間を往復する。徒歩の場合、復路の速さは往路の速さの $\frac{2}{3}$ 倍であり、自転車の場合、復路の速さは往路の速さの $\frac{1}{2}$ 倍である。また、往路について、自転車の速さは徒歩の速さの4倍である。

徒歩で往路に要する時間がちょうど10分のとき、徒歩と自転車のそれぞれでAB間を一往復するのに要する時間の差として最も妥当なのはどれか。ただし、徒歩と自転車のそれぞれの速さは、往路及び復路のそれぞれにおいて一定であり、折り返しのための時間は考慮しないものとする。

1 12分30秒

2 15分00秒

3 17分30秒

4 18分30秒

5 23分450秒

仮に，徒歩の往路の速さを $3v$ と置くと，次のようになります。

　　　徒歩の往路：$3v$

　　　徒歩の復路：$2v$

　　　自転車の往路：$12v$

　　　自転車の復路：$6v$

距離が一定であれば，速さ $a:b$ のとき，所要時間の比はその逆比になるので，

$$\frac{1}{a} : \frac{1}{b} = b : a$$

になります。

　したがって，徒歩の往路に10分かかるのだから，

　　　徒歩の往路：10分

　　　徒歩の復路：15分

　　　自転車の往路：2.5分（2分30秒）

　　　自転車の復路：5分

になります。

　よって，求める時間の差は

　　　（10分＋15分）−（2.5分＋5分）＝17.5分（17分30秒）

セクション 5 方程式

解答のポイント

「徒歩の場合，復路の速さは往路の速さの $\frac{2}{3}$ 倍」なので，

一旦，往路の速さを 3 と置くと，復路の速さが $3 \times \frac{2}{3} = 2$

となって，計算がしやすいよね。そして，大事なことは「距離が一定のとき，速度の逆比＝時間の比」が成立するってことだ。これは，「距離が一定なら，速度と時間は反比例する」ってことからいえるんだ。逆比っていうのは逆数の比。つまり，速さが $a:b$ なら時間の比は $\frac{1}{a} : \frac{1}{b} = b : a$

になるね。大丈夫かな？

正解 3

規則的に変わる数値

問題
22

自家製ヨーグルトをつくる場合，種となるヨーグルトに，その重さの5倍の重さの牛乳を加えて室温に放置すると，翌日，すべてヨーグルトになる。できたヨーグルトの重さは，種ヨーグルトと牛乳の重さの和に等しい。

ある家で，6月1日にヨーグルト15gを種として，これに5倍の重さの牛乳を加えてヨーグルトをつくり始めた。翌日から毎日，できたヨーグルトの$\frac{2}{3}$を食べ，残りのヨーグルトに牛乳を加えて再びヨーグルトをつくることを繰り返した。6月6日，その日の分のヨーグルトを食べ終わった後，誤ってヨーグルトの一部をこぼしてしまった。残ったヨーグルトを使って，今までと同様にヨーグルトをつくり，食べることを繰り返したところ，その2日後にできたヨーグルトは1,440gだった。このとき，こぼしたヨーグルトの重さはいくらか。

❶ 60g

❷ 120g

❸ 240g

❹ 360g

❺ 480g

イメージが湧くように，具体的に書き上げてみます。6月1日は15gの（ヨーグルトの）種に，この5倍の重さの牛乳（15×5＝）75gを加えてヨーグルトを作るから，2日には90gのヨーグルトができていることになります。

これを，2日：$15 + 15 \times 5 = 90$ とあらわすことにし，6日まで書き上げると，

$$2 日：\quad 15 + \quad 15 \times 5 = \quad 90 \qquad 〔\quad 90 の 3 分の 1 は \quad 30〕$$
$$3 日：\quad 30 + \quad 30 \times 5 = \quad 180 \qquad 〔\quad 180 の 3 分の 1 は \quad 60〕$$
$$4 日：\quad 60 + \quad 60 \times 5 = \quad 360 \qquad 〔\quad 360 の 3 分の 1 は120〕$$
$$5 日：120 + 120 \times 5 = \quad 720 \qquad 〔\quad 720 の 3 分の 1 は240〕$$
$$6 日：240 + 240 \times 5 = 1440 \qquad 〔1440 の 3 分の 1 は480〕$$

ここで，ヨーグルトの種として残した480gのうち，こぼして残ったヨーグルトを x g とすると，2日後の8日にできるヨーグルトの重さは，

$$7 日：\qquad x + x \times 5 = 6x \qquad 〔6x の 3 分の 1 \ は 2x〕$$
$$8 日：\qquad 2x + 2x \times 5 = 12x$$

この $12x$ が，1440gだから，

$$12x = 1440$$
$$x = 120$$

6日に残ったヨーグルトが120gだから，こぼしたヨーグルトは，$480 - 120 = 360$（g）

解答のポイント

規則性に注目すると早いよね。6月2日以降，できたヨーグルトが90g，180，360……と2倍ずつになっているよね。この規則性に気づけば，6月6日にできたヨーグルトは1440gになる。6月6日に食べ終わった時点で残るのは，$1440 \times \dfrac{1}{3} = 480$

ここで，こぼした量を x g として，そこから1日後にできるヨーグルトは，$(480 - x) + (480 - x) \times 5 = 6(480 - x)$。2日後にできるヨーグルトは，更にその2倍になる。そしてそれが1440gなので，$2 \times 6(480 - x) = 1440$。ここから，$x = 360$g となる。同じパターンを繰り返す問題は規則性に注目だ！

正解 **4**

重要度

B

平成23年
特別区

制限時間 ⏳ 3分

問題演習
記録

1回目 ／ □　2回目 ／ □　3回目 ／ □

延べ算

> 問題
> 23
>
> ある作業を A, B, C の 3 名で行う。1 日に行う仕事量の割合が A：B：C ＝ 3：3：2 であり，3 名が休まず仕事をすると30日で終了することが分かっている。今，作業の終了までに A が 5 日，B が 3 日，C が 4 日休むとき，この作業に要する日数はどれか。

❶　33日

❷　34日

❸　35日

❹　36日

❺　37日

本問のような問題を「延べ算」といいます。

A, B, C が 1 日にする仕事量を，それぞれ $3a, 3a, 2a$ と置くと，1 日で $8a$，30 日で延べ $240a$ となります。

A が 5 日，B が 3 日，C が 4 日休むと，その分だけで

$$3a \times 5 + 3a \times 3 + 2a \times 4 = 32a$$

となります。

$32a \div 8a = 4$ だから，4 日延長するとこの仕事は完成します。

よって，合計の日数は，$30 + 4 = 34$（日）

> 「仕事」という用語がでてきから，仕事算と思い，
>
> A の 1 日にする仕事を，$\dfrac{1}{a}$，……
>
> と考えると，なかなか答えにたどりつかないよ。
> 用語に惑わされずに，冷静に考えよう。

セクション **5** 方程式

解答のポイント

　この問題は，A, B, C 3 人の仕事量の連比が 3：3：2 とわかっているから，3 人それぞれの 1 日の仕事量を，共通の定数 a を使って，$3a, 3a, 2a$ とあらわしているんだね。だから，1 日の 3 人分の仕事量が $3a + 3a + 2a = 8a$ となるんだ。これを使えば30日分の仕事量も出せるよね。連比の時は，共通の定数を使うっていうのがポイントだ！

正解 **2**

重要度 A

平成22年
東京都

制限時間 ⏳5分

問題演習
記録
1回目 ／ □
2回目 ／ □
3回目 ／ □

不等式

問題
24

ある塾のA組からC組までの3つの組には，合計105人の生徒が在籍しており，それぞれの組の生徒数に関して，次のア，イのことが分かっている。

ア　B組の生徒数の3倍は，A組の生徒数の2倍より5人以上多い。
イ　C組の生徒数は，A組からC組までの生徒数の合計の5割より7人以上少なく，B組の生徒数より20人以上多い。

このときB組の生徒数として，正しいのはどれか。

❶　24人

❷　25人

❸　26人

❹　27人

❺　28人

A 組，B 組，C 組の生徒数を a 人，b 人，c 人とおき，その合計は105人です。

条件アより，

$$3b \geqq 2a + 5$$

条件イより，

$$b + 20 \leqq c \leqq \frac{105}{2} - 7$$

$$b + 20 \leqq c \leqq 45.5 \quad \cdots\cdots ①$$

ここで，求めるものは B 組の生徒数 b だから，①の各辺から20を引くと，

$$b \leqq c - 20 \leqq 25.5$$

となり，選択肢は 1 と 2 に絞られます。選択肢の値を①に代入して，他の条件を満たすかどうかを検討します。

【$b = 24$ の場合】

$44 \leqq c \leqq 45.5$ より，

$\quad c = 44$（合計105人より $a = 37$），$c = 45$（同様に $a = 36$）

アの条件より，

$$3 \times 24 \geqq 2a + 5$$

$$33.5 \geqq a$$

したがって，矛盾します。

【$b = 25$ の場合】

$45 \leqq c \leqq 45.5$ より，

$\quad c = 45$（合計105人より $a = 35$）

アの条件より，

$$3 \times 25 \geqq 2a + 5$$

$$35 \geqq a$$

したがって，すべての条件を満たします。

セクション

5

方程式

解答のポイント

　不等式の問題だ。「〜以上」とか「〜以下」という表現には，等号が入り，「〜より大きい」「〜より小さい」という表現には等号が入らないっていう大基本は大丈夫だよね？　本問はちょっとイジワルな「7人以上少ない」なんて，表現があるから注意が必要だね。この問題は A, B, C の 3 つの未知数に対して，立てられる不等式が 2 つしかないから，選択肢を利用で，不等式に代入し，条件に合う選択肢を見つけ出そう！

正解 **2**

重要度 A

平成21年
国税専門官

制限時間 ⏳4分

問題演習
記録

1回目 ／□　2回目 ／□　3回目 ／□

割引の問題

問題
25

あるホテルで同窓会パーティーを行うこととした。一人当たりの通常料金が6,000円のコースで，参加人数が50人以上になると総額の1割引きになる「割引プラン」を利用できるとのことであり，また，パーティーの参加予定人数も50人以上であったので，このプランで申し込んだ。ところが，パーティー当日に欠席者が出て，実際の参加人数は50人未満となってしまい，当初の割引プランは利用できなくなった。そこで，通常料金で計算した額を支払い，かつ，プランの違約金15,000円もあわせて支払ったところ，その合計額は，当初の参加予定人数で「割引プラン」を利用した場合の金額とちょうど等しくなった。当日の欠席人数は何人であったか。

① 4人

② 5人

③ 6人

④ 7人

⑤ 8人

当初の予定人数を x 人，当日の欠席人数を y 人とし，条件に当てはまる方程式を立てます。

$$6000 \times 0.9 \times x = 6000(x-y) + 15000$$

$$5400x = 6000(x-y) + 15000$$

$$54x = 60(x-y) + 150$$

$$x = 10y - 25$$

ここで，$x \geqq 50$，$x-y < 50$ の条件を満たす y の値である選択肢を検討すると，$y \leqq 7$ では $x \leqq 45$ となり条件を満たさないので，$y=8$ とわかります。

> このように，「何人以上（または何枚以上）だと，割引きを受ける」という問題もよく出題されるよ。多くは不等式の問題だけど，この問題では，不定方程式のような形態になっていて，少し難しくなっているよ。

セクション **5** 方程式

解答のポイント

> お金にまつわる問題「利益算」だね。例えば「x 円の 1 割引き」という場合は「$x \times (1 - 0.1) = x \times 0.9$」となるし，「$x$ 円の 3 割り増し」という場合は「$x \times (1 + 0.3) = x \times 1.3$」になるよ。こういう計算式が瞬時に頭に浮かぶように，よく訓練しよう！

正解 **5**

重要度 A

平成26年
特別区

制限時間 ⏳ 5分

問題演習
記録

1回目 ／ □
2回目 ／ □
3回目 ／ □

旅人算①

問題
26

A～Cの3人が，スタートから20km走ったところで折り返し，同じ道を戻ってゴールする40kmのロードレースを行った。今，レースの経過について，次のア～ウのことが分かっているとき，CがゴールしてからBがゴールするまでに要した時間はどれか。ただし，A～Cの3人は同時にスタートし，ゴールまでそれぞれ一定の速さで走ったものとする。

ア　Aは，16km走ったところでCとすれ違った。
イ　Bが8km走る間に，Cは24km走った。
ウ　AとBは，スタートから3時間20分後にすれ違った。

1 5時間20分

2 5時間40分

3 6時間

4 6時間20分

5 6時間40分

アより，AとCの速さの比は，CはAとすれ違うまでに，$20+4$（km）走っているから，

A：C $=16:(20+4)=2:3$ ……①

イより，BとCの速さの比は，

B：C $=8:24=1:3$ ……②

①と②より，AとBとCの速さの連比は，

A：B：C $=2:1:3$

ウについて，AとBがすれ違うまでに，2人の走った距離の和は，

$20 \times 2=40$（km）

だから，AとBの速さの比は2：1より，2人はスタート地点より$\frac{40}{3}$kmの地点ですれ違います。

Bは$\frac{40}{3}$km走るのに，3時間20分$\left(\frac{10}{3}時間\right)$かけているから，Bの速さは，

$$\frac{40}{3} \div \frac{10}{3}=\frac{40}{10}=4\text{km} / \text{h}$$

とわかります。

Cの速さはその3倍だから，12km／hです。

Cがゴールするまでの所要時間は，$40 \div 12=\frac{10}{3}$時間です。Bはその3倍かかるはずだから10時間かかります。その差は，

$$10-\frac{10}{3}=\frac{20}{3}$$（時間）

すなわち，6時間40分。

セクション **5** 方程式

解答のポイント

「すれ違い」の問題だね。折り返しマラソンでAとCが「すれ違う」ってことは，すれちがった地点で「Aの距離＋Cの距離＝往復の距離」になるんだね。また，「時間が一定のとき，距離の比＝速度の比」が成立するから，A，Cの速度の比や，条件イからB，Cの速度の比も求められるよね。速度と距離の問題では比を利用することも多いから覚えておくといいよ！

正解 **5**

重要度 S

平成25年
東京都

制限時間 ⏳5分

問題演習
記録

1回目 ／ □　2回目 ／ □　3回目 ／ □

旅人算②

> **問題 27**
> A，Bの2人が，一周12kmのジョギングコースを午前9時に同じ地点から反対方面に走り始めた。Aは一周するまでの間，休むことなく走り続け，Bは途中でAと出会った地点に留まって20分間のストレッチを行った後，再び同じ方向に走り始めてから50分後にジョギングコースを一周し終えた。A，Bの走った速さはそれぞれ一定であり，Aが時速10kmで走ったとき，Bがジョギングコースを一周し終えた時刻として，正しいのはどれか。

❶ 午前10時30分

❷ 午前10時40分

❸ 午前10時50分

❹ 午前11時00分

❺ 午前11時10分

問題文より，時間の単位を分で統一します。解説では km で行います。

A の速さを分速に直すと，60 で割るから分速 $\frac{1}{6}$km となります。B の速さを分速 $b$km，A と B が出会うまでの時間を t 分とすると，右図のように条件をまとめることができます。

等しい区間の距離の式と，一周12km についての式を立てると，

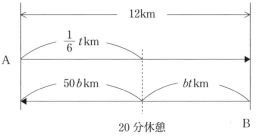

$$\begin{cases} \frac{1}{6}t = 50b & \cdots ① \\ 50b + bt = 12 & \cdots ② \end{cases}$$

①を b について解いて，

$$b = \frac{t}{300}$$

これを，②に代入して，

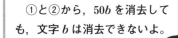

①と②から，$50b$ を消去しても，文字 b は消去できないよ。

$$50 \times \frac{t}{300} + \frac{t}{300} \times t = 12$$

$$t^2 + 50t - 3600 = 0$$

$$(t - 40)(t + 90) = 0$$

$t > 0$ より，

$$t = 40$$

B は午前 9 時に走りだし，A と出会うまでに40分，その後20分のストレッチを行い，50分走って一周するので，

9 時 ＋ 40分 ＋ 20分 ＋ 50分 ＝ 10時50分

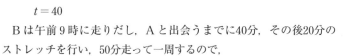

解答のポイント

速度と距離の問題では，まずは単位を揃えることを意識しよう。時間の単位と速度の単位がバラバラだと正確な値がでないからね。時間の単位を「分」で統一したら，速度も「分速」にするんだよ。あと，本問のような，A と B が同時に出発して周回上のルートを回る問題は，「A が出会うまでに移動した距離＋B が出会うまでに移動した距離＝一周分の距離」という大原則を利用して式を立てよう！

正解 **3**

セクション **5** 方程式

重要度 A

平成25年
国家一般職

制限時間 ⏳ 4分

問題演習
記録

1回目 / □　2回目 / □　3回目 / □

旅人算③

問題 28

A，Bの2人が図のような一周200mの運動場のトラック上におり，Aの100m後方にBが位置している。この2人がトラック上をそれぞれ反時計回りの方向に同時に走り出した。2人が走る速さはそれぞれ一定で，Aは毎分125mの速さで，Bは毎分150mの速さであった。Aが何周か走ってスタート地点に到達して止まったとき，BはAより20m前方にいた。

考えられるAの周回数として最も少ないのはどれか。

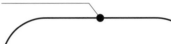

Bのスタート地点

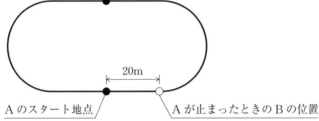

20m

Aのスタート地点　　　Aが止まったときのBの位置

① 3周

② 5周

③ 8周

④ 10周

⑤ 13周

　最初，AとBは100m離れています。そして，毎分25m近づくのだから，4分後に両者は同じ位置にいます。このとき，Aは500m（2.5周），Bは600m（3周）走ったことになります。このあと，Aが残り100m（つまり0.5周）を走れば，AとBの速さの比は5：6だから，Bは120m走ることになり，条件に合致します。

【別解】

　Aがスタート地点に到達するのだから，Aが走った距離は，

　　　1周＝200m，2周＝400m，3周＝600m……

のはずです。

　A，Bの速さの比は，5：6なので，

　Aの走った距離が

　　　1周＝200mのとき，Bは240m走り，

　　　2周＝400mのとき，Bは480m走り，

　　　3周＝600mのとき，Bは720m走り，……となります。

　Aが3周走りきり，スタート地点に止まったとき，Bは，720m－600m＝120mの地点に到達しています。つまり，Aのスタート地点からすると，20m先に立っていることになります。

セクション

5

方程式

解答のポイント

　別解としては，AとBの速さの比は，125：150＝5：6。「時間が一定ならば，速さの比＝距離の比」が成立するので，2人の走った距離の比は5：6。Aの走った距離をxとすると，Bの走った距離はその$\frac{6}{5}$倍になり，2人の走った距離の差は，最初に離れていた100mと，最後に離れていた20mの合計120mになるから，$\frac{6}{5}x - x = 120$ が成立する。この式を解くと，$x = 600$（3周分）とわかるよ。

正解 **1**

重要度 B

平成25年
国家一般職

制限時間 ⏳ 3分

問題演習
記録

1
回
目 ／ □

2
回
目 ／ □

3
回
目 ／ □

旅人算④

> **問題 29**
>
> 甲駅と乙駅を結ぶ道路を，A は甲駅から乙駅に向かって，B は乙駅から甲駅に向かって，それぞれ一定の速さで歩く。2 人が同時に出発してから途中で出会うまでにかかる時間は，A が甲駅を出発してから乙駅に到着するまでにかかる時間に比べると 4 分短く，B が乙駅を出発してから甲駅に到着するまでにかかる時間に比べると 9 分短い。B が乙駅を出発してから甲駅に到着するまでにかかる時間はいくらか。

① 11分

② 12分

③ 13分

④ 14分

⑤ 15分

　途中で出会うまでにかかった時間を x 分とします。A が x 分かかった距離を B は 9 分かけ，B が x 分かかった距離を A は 4 分かけたのだから，A と B の時間の比で表すと，

$$x : 9 = 4 : x$$

となり，

$$x^2 = 36$$

$0 < x$ より，

$$x = 6$$

　よって，B が乙駅を出発してから甲駅に到着するまでは，$6 + 9 = 15$（分）かかります。

> 　問題文をさっと見て，A と B の速さの比が $9 : 4$ というのは誤りだよ。
> 　同じ距離を，4 分と 9 分かかったわけではないよ。慌てないで，よく考えよう。

セクション

5

方程式

解答のポイント

　「速度と距離」の問題においては，「時間が一定なら，速さの比＝距離の比」「距離が一定なら，速さの比＝時間の逆比（または，時間の比＝速さの逆比）」「速さが一定なら，時間の比＝距離の比」という 3 点を常に意識して，利用できるときにすぐ引き出せるようにしておこう！

正解 **5**

旅人算⑤

問題30 5km 離れた2地点 A，B 間を同じ経路で，兄はオートバイで，弟は自転車でそれぞれ走って一往復することになり，13時に弟が地点 A を出発した。その32分後に兄が地点 A を出発し，地点 B の手前1km の地点で弟を追い越した。その後，復路を走る兄が弟とすれ違う時刻として，正しいのはどれか。ただし，兄弟が走る速さはそれぞれ一定であり，兄は弟の3倍の速さで走った。

1 13時44分

2 13時54分

3 14時04分

4 14時14分

5 14時24分

条件を目でわかる状況に書き，まとめます。問題文の最後の条件で，弟の速さを$a$km／分とすると，兄の速さは$3a$km／分となります。兄が出発してから弟を追い越すまでの時間をt分とすると，弟が13時に出発し，兄が32分後に出発しているので，兄はt分，弟は$(t+32)$分移動していることになります。地点Bまであと1kmの地点で追い越したのだから，2人とも4km移動したことになるので，

$$\begin{cases} 3a \times t = 4 \\ a(t+32) = 4 \end{cases}$$

これを解くと，

$$t = 16, \quad a = \frac{1}{12}$$

したがって，追いついたのは弟が出発してから

$$32 + 16 = 48 \text{（分後）}$$

となります。ここで，追いついてから2人がすれ違うまでの時間をs分とすると，復路ですれ違うのは，追いついてから兄と弟の移動した距離の和が2kmになるときです。

したがって，

$$3 \times \frac{1}{12}s + \frac{1}{12}s = 2$$

より，$s = 6$

したがって，求める時間は，$48 + 6 = 54$，つまり13時54分となります。

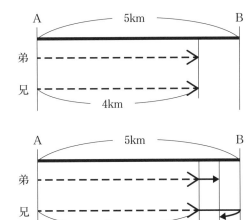

解答のポイント

「追いつき算」と「出会い算」のミックス問題だね。弟が兄に追いつかれることから，弟が追いつかれるまでに移動した距離＝兄が追いつくまでに移動した距離＝4kmをもとに，弟が兄に追いつかれるまでの時間と弟の速さを求め，その後，2人がすれ違うまでには，弟の距離＋兄の距離＝$1 \times 2 = 2$kmを利用して，最後の時刻を出すんだ。追いつきと出会いの状態をよくイメージして式を立てよう！

正解 **2**

重要度

A

平成21年
特別区

制限時間 ⏳ **7分**

問題演習
記録

1回目／☐ 2回目／☐ 3回目／☐

旅人算⑥

問題
31

あるフルマラソン大会が，下の図のような，7km 地点から往復6km の折り返しと，24km 地点から往復12km の折り返しを含むコースで開催された。今，招待選手 A が時速18kmで走り優勝し，A から10分遅れてスタートした一般参加選手 B が，一度だけ A とすれ違ってゴールしたとき，B の走る速さとして有り得るのはどれか。ただし，A と B はスタートからゴールまで一定の速さで走ったものとする。

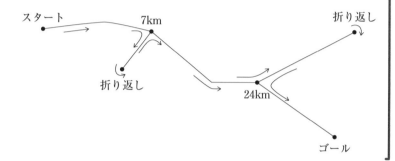

1 11km／h

2 12km／h

3 13km／h

4 14km／h

5 15km／h

Aが時速18kmで10分先行したということは，Bがスタートしたときには，すでに3km地点にいます（時速18kmを分速に直せば0.3km，$0.3 \times 10 = 3$）。

これより，Aのスタート地点はコースの3km先だと考えます。Aがスタートしてから，Bが最初の折り返しコースでAとすれ違うためには，Aにとっては折り返しコースの出口地点である10km（$= 13 - 3$）走る前に，Bはスタートから7km地点に達していることが必要となります。

Bの速さを時速$b$kmとして，Aが10km走った時間とBが7km走った時間とが等しいと考え，

$$\frac{10}{18} = \frac{7}{b}$$

$$b = 12.6$$

次の折り返しコースの入口については，Aにとっては33（$= 36 - 3$）km地点でBにとっての24km地点です。ここで，2人が出くわすには

$$\frac{33}{18} = \frac{24}{b}$$

$$b \fallingdotseq 13.1$$

したがって，Bが時速12.6km以上で走れば少なくとも1回はAとすれちがうこととなり，時速13.1km以上で走ると，2回Aとすれ違うこととなります。

セクション 5 方程式

解答のポイント

AはBが出発する前にすでに3km前にいるから，Aの距離を考える際にこの差を考慮しないといけないね。あとは場合分けして考えよう。AとBがすれ違う可能性があるのは，「7km地点から折り返し」間か，「24kmから折り返し」間の2か所になる。Bの速度を時速$b$kmとすると，「7km地点〜折り返し」ですれ違うならば，Aが7km地点出口を出る前に，Bは7km地点に到着する必要がある。

$\frac{10}{18} \geqq \frac{7}{b}$ ここから$b \geqq 12.6$。また，「24km〜折り返し」ですれ違うならば，Aが24km地点出口を出る前に，Bは24km地点に到着する必要がある。$\frac{33}{18} \geqq \frac{24}{b}$，$b \geqq 13.1$となる。このことから$12.6 \leqq b < 13.1$ならばすれ違いは1回なので，正解は3だね。

正解 **3**

重要度 B

平成26年
裁判所職員

制限時間 ⏳ 6分

問題演習
記録

1
回
目 ／ □

2
回
目 ／ □

3
回
目 ／ □

旅人算⑦

問題 32 A〜Cの3人が，2地点X，Yを結ぶ直線の道をそれぞれ一定の速度で通る。Aは，Xから出発してYへ向かって進み，Bは，Xより8km Y方向へ進んだ地点から出発してYへ向かって進む。Cは，Yから出発してXに向かって進む。A〜Cの3人が同時に出発し，次のア〜エのことが分かっているとき，Aの速度はいくらか。

ア　Aは30分後にBに追いつく。
イ　AとCは45分後に出会う。
ウ　BとCは1時間後に出会う。
エ　CがXに到着後の16分後に，BはYに到着する。

1 16km／時

2 18km／時

3 20km／時

4 22km／時

5 24km／時

XY 間の距離を $s$km，A 〜 C の速さを a 〜 c（km／h）として，条件を式にします。

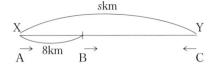

条件アより，A と B は30分で，8 km 差が縮まるので，1 時間では16km 差が縮まるので，

$$a - b = 16 \quad \cdots\cdots ①$$

条件イより，A と C は45分間で，合わせて $s$km 進むので，

$$a + c = s \div \frac{3}{4} = \frac{4}{3}s \quad \cdots\cdots ②$$

条件ウより，B と C は 1 時間後に出会うので

$$b + c = s - 8 \quad \cdots\cdots ③$$

①を③に代入して，

$$a + c = s + 8 \quad \cdots\cdots ④$$

②と④より，

$$s = 24$$

よって，

ここで，条件エについて考えます。$s = 24$ とわかったので，

$$\frac{16}{b} - \frac{24}{c} = \frac{4}{15}$$

より，

$$60c - 90b = bc$$

これに，③より，$b = 16 - c$ を代入して，

$$(16 - c)c + 90(16 - c) - 60c = 0$$

$$c^2 + 134c - 1440 = 0$$

$$(c - 10)(c + 144) = 0$$

$c > 0$ より，$c = 10$

よって，②より，$a = 32 - 10 = 22$

セクション

5

方程式

「追いつき算」の基本は，「(追いついた人が移動した距離)－(追いつかれた人が移動した距離) ＝ 最初に2人が離れていた距離」だ。本問の場合は，アより，$a \times \dfrac{1}{2} - b \times \dfrac{1}{2}$ ＝8だね。ここから，$a - b = 16$ となる。また，「出会い算」の基本は「2人の移動した距離の和 ＝ 最初に2人が離れていた距離」だ。本問の場合はイより，$a \times \dfrac{3}{4} + c \times \dfrac{3}{4}$ ＝XY間の距離になる。

また，ウより，$b \times 1 + c \times 1 =$ XY間の距離 -8 も成り立つね。ここまでくればもうあと少しだ！ ガンバロウ！

正解 **4**

🏷 天秤法

天秤では腕の長さの比とおもりの重さの比は逆になります。これを利用します。

 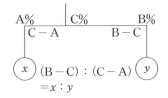

(例) 6％の食塩水を xg, 12％の食塩水を yg 混ぜて, 8％の食塩水にします。

おもりの重さの比は

$$(12-8):(8-6)=x:y$$

よって, $x:y=2:1$ とわかります。

次に, 6％の食塩水と9.6％の食塩水を 2:1 で混ぜた場合を考えます。

これらを混ぜて p％の食塩水ができる, と考えれば

$$(9.6-p):(p-6)=2:1$$

となり, これを計算すると, $p=7.2$％。作られた食塩水の濃度は7.2％です。

なお, 天びん算では水のみは濃度 0 ％, 食塩のみは濃度100％の扱いです。

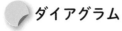 ダイアグラム

「ダイアグラム」とは，縦軸に「距離」，横軸に「時間」をとり，箱型にした図です。このとき，直線の傾きは「速さ」をあらわしています（下図参照）。

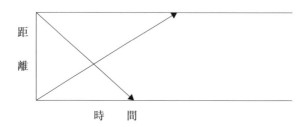

セクション

6

場合の数・確率

重要度 S

平成29年
特別区

制限時間 ⏳ 3分

問題演習
記録

1回目 ／ □　2回目 ／ □　3回目 ／ □

先に3勝する確率

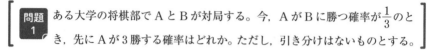

> **問題1** ある大学の将棋部でAとBが対局する。今，AがBに勝つ確率が$\frac{1}{3}$のとき，先にAが3勝する確率はどれか。ただし，引き分けはないものとする。

1 $\frac{5}{27}$

2 $\frac{17}{81}$

3 $\frac{19}{81}$

4 $\frac{7}{27}$

5 $\frac{23}{81}$

AがBに勝つ確率が$\frac{1}{3}$なので，BがAに勝つ確率は，$1-\frac{1}{3}=\frac{2}{3}$です。

先にAが3勝するまでに必要な試合数は，3試合～5試合なので，それぞれ場合分けして考えます。

(1)　3試合の場合

Aが連続して3勝します。

$$\left(\frac{1}{3}\right)^3=\frac{1}{27} \quad \cdots\cdots ①$$

(2)　4試合の場合

最初から3試合目までにAが2勝，Bが1勝し，4試合目にAが1勝することになります。

3試合までの勝ち方に関しては，「同じものを含む順列」を使うと，$\frac{3!}{2!\,1!}=3$（通り）です。よって，その確率は

$$\left(\frac{1}{3}\right)^2\times\left(\frac{2}{3}\right)^1\times 3\times\frac{1}{3}=\frac{2}{27} \quad \cdots\cdots ②$$

(3)　5試合の場合

最初から4試合目までにAが2勝，Bが2勝，5試合目にAが1勝することになります。

4試合までの勝ち方に関しては，「同じものを含む順列」を使うと，$\frac{4!}{2!\,2!}=6$（通り）です。よって，その確率は

$$\left(\frac{1}{3}\right)^2\times\left(\frac{2}{3}\right)^2\times 6\times\frac{1}{3}=\frac{8}{81} \quad \cdots\cdots ③$$

(1)～(3)より，$①+②+③=\frac{17}{81}$

解答のポイント

　引き分けなしで，先にAが3勝するとしたらそれは，3試合～5試合までの間だよね。だから，①3試合で決まる。②4試合で決まる。③5試合で決まる。に場合分けして，それぞれの確率を出していこう！　その際に気を付けることは，②や③のパターンにおいて，最後の試合はAが勝つわけだから，その直前までの試合で何パターンあるかってことを考えるんだよ！

正解 **2**

セクション **6** 場合の数・確率

重要度 **A**

平成29年
国家一般職

制限時間 ⏳ **5分**

問題演習
記録

1回目 ／ □　2回目 ／ □　3回目 ／ □

4勝以上する確率

> **問題 2**　A～Gの七つのバレーボールチームがある。Aは，B～Gの六つのチームと1試合ずつ対戦することとなっているが，過去の対戦成績から，Bに勝つ確率は $\frac{1}{3}$ であり，その他のチームに勝つ確率はいずれも $\frac{1}{2}$ であることが分かっている。このとき，Aが4勝以上する確率はいくらか。
>
> 　ただし，試合には引き分けはないものとする。

1　$\dfrac{7}{24}$

2　$\dfrac{3}{8}$

3　$\dfrac{11}{24}$

4　$\dfrac{13}{24}$

5　$\dfrac{5}{8}$

A が 4 勝以上するパターンは以下の 5 通りが考えられます。

⑴ B 以外の 4 チームに勝ち，B ともう 1 チームに負ける（4 勝 2 敗）

⑵ B を含めた 4 チームに勝ち，B 以外の 2 チームに負ける（4 勝 2 敗）

⑶ B 以外の 5 チームに勝ち，B に負ける（5 勝 1 敗）

⑷ B を含めた 5 チームに勝ち，B 以外の 1 チームに負ける（5 勝 1 敗）

⑸ 6 チームすべてに勝つ

⑴から順に確率を考えます。因みに，A が B に負ける確率は，$1-\dfrac{1}{3}=\dfrac{2}{3}$，A が

B 以外のチームに負ける確率は，$1-\dfrac{1}{2}=\dfrac{1}{2}$です。B 以外のもう 1 チームの選び方

は 5 通りあることに気を付けます。

⑴　$\left(\dfrac{1}{2}\right)^4 \times \left(\dfrac{2}{3}\right) \times \left(\dfrac{1}{2}\right) \times 5 = \dfrac{10}{96}$

⑵　B 以外の 2 チームの選び方は，5 チームの中から 2 チーム選ぶので，10 通りあります。

$$\left(\dfrac{1}{2}\right)^3 \times \left(\dfrac{1}{3}\right) \times \left(\dfrac{1}{2}\right)^2 \times 10 = \dfrac{10}{96}$$

⑶　$\left(\dfrac{1}{2}\right)^5 \times \left(\dfrac{2}{3}\right) = \dfrac{2}{96}$

⑷　B 以外の 1 チームの選び方は，5 通りあります。

$$\left(\dfrac{1}{2}\right)^4 \times \left(\dfrac{1}{3}\right) \times \left(\dfrac{1}{2}\right) \times 5 = \dfrac{5}{96}$$

⑸　$\left(\dfrac{1}{2}\right)^5 \times \left(\dfrac{1}{3}\right) = \dfrac{1}{96}$

以上，⑴～⑸のすべてを加えます。

$$\dfrac{28}{96} = \dfrac{7}{24}$$

解答のポイント

　A 以外のチームは 6 チームあるから，A は 6 試合することになるね。そのうち 4 勝以上ということは，普通に考えれば，4 勝 2 敗，5 勝 1 敗，6 勝の 3 パターンなんだけど，本問の場合，更に B に勝つ確率が他のチームとは異なっているから話がややこしい。詳しくは解説を見てほしいけど，結局 5 パターンもあるからね。

セクション

6

場合の数・確率

正解 1

重要度 S

平成28年
特別区

制限時間 ⏳ 3分

問題演習
記録

1回目 ／ □
2回目 ／ □
3回目 ／ □

道順の場合の数

問題 3 次の図のような，直角に交わる道路がある。点線部は通行することができないとき，自宅から駅まで遠回りせずに行く経路は何通りか。

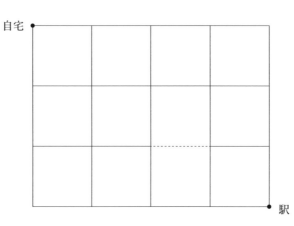

① 17通り

② 23通り

③ 29通り

④ 35通り

⑤ 41通り

自宅から駅までの最短経路で行くのは，縦3マス，横4マスの計7マス進むので，その場合の数は「同じものを含む順列」の式を用いて，

$$\frac{7!}{3!\,4!} = 35 \ （通り）$$

点線部の両端をA，Bとすると，自宅からAまでの最短経路は縦2マス，横2マスの計4マス進むので，

$$\frac{4!}{2!\,2!} = 6 \ （通り）$$

B～駅までの最短経路は縦1マス，横1マスの計2マスなので，

$$\frac{2!}{1!\,1!} = 2 \ （通り）$$

よって，自宅→A→B→駅の経路は，$6 \times 2 = 12$（通り）あります。

自宅からA，Bを通らず駅まで行く最短経路は，$35 - 12 = 23$（通り）あります。

道順の問題では，右の図のように，各交差点までの場合の数を書いてく方法もあるよ。この場合，左の数と上の数を足したものが，その交差点までの場合の数になるよ。

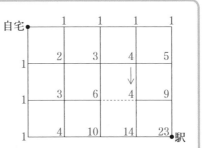

セクション **6** 場合の数・確率

解答のポイント

頻出の最短経路の問題だ！「遠回りせずに行く経路」とは言い換えれば，「後戻りしない行き方」のことだ。つまり，本問の場合，自宅から駅まで行くのに，右方向と下方向だけを使って行く行き方のことだね。全体でみれば右に4マス，下に3マス進むことになるけど，これは「同じものを含む順列」の考え方を利用して，$\frac{7!}{4!\,3!} = 35$ 通りだ。

そこから，今度は点線を通って行く行き方を引けばいい。最短経路の問題は，解き方さえ知っていれば確実に点が取れるお得問題だよ！

正解 **2**

重要度 A

平成28年
国家専門職

制限時間 ⏳ 6分

問題演習
記録

1回目／□　2回目／□　3回目／□

場合分けが複雑な確率①

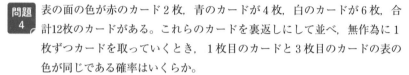

> **問題 4**　表の面の色が赤のカード2枚，青のカードが4枚，白のカードが6枚，合計12枚のカードがある。これらのカードを裏返しにして並べ，無作為に1枚ずつカードを取っていくとき，1枚目のカードと3枚目のカードの表の色が同じである確率はいくらか。
>
> 　　ただし，一度取ったカードは元に戻さないものとする。

1 $\dfrac{1}{4}$

2 $\dfrac{7}{22}$

3 $\dfrac{1}{3}$

4 $\dfrac{4}{11}$

5 $\dfrac{5}{12}$

1枚目と3枚目が同じ色になる場合としては,

① 1枚目 … 赤, 3枚目 … 赤　　② 1枚目 … 青, 3枚目 … 青

③ 1枚目 … 白, 3枚目 … 白　　のいずれかです。

① 1枚目に赤が出る確率：$\dfrac{2}{12}$　2枚目に赤が出ない確率：$1-\dfrac{1}{11}=\dfrac{10}{11}$

3枚目に赤が出る確率：$\dfrac{1}{10}$　以上を掛け合わせると,　$\dfrac{1}{66}$

② 1枚目に青が出る確率：$\dfrac{4}{12}$　2枚目に青が出ない確率：$1-\dfrac{3}{11}=\dfrac{8}{11}$

3枚目に青が出る確率：$\dfrac{3}{10}$　以上を掛け合わせると,　$\dfrac{4}{55}$ ……(ⅰ)

また, 1枚目に青が出る確率：$\dfrac{4}{12}$　2枚目に青が出る確率：$\dfrac{3}{11}$

3枚目に青が出る確率：$\dfrac{2}{10}$　以上を掛け合わせると,　$\dfrac{1}{55}$ ……(ⅱ)

(ⅰ)＋(ⅱ)＝$\dfrac{1}{11}$

③ 1枚目に白が出る確率：$\dfrac{6}{12}$　2枚目に白が出ない確率：$1-\dfrac{5}{11}=\dfrac{6}{11}$

3枚目に白が出る確率：$\dfrac{5}{10}$　以上を掛け合わせると,　$\dfrac{3}{22}$ ……(ⅰ)

また, 1枚目に白が出る確率：$\dfrac{6}{12}$　2枚目に白が出る確率：$\dfrac{5}{11}$

3枚目に白が出る確率：$\dfrac{4}{10}$　以上を掛け合わせると,　$\dfrac{1}{11}$ ……(ⅱ)

(ⅰ)＋(ⅱ)＝$\dfrac{5}{22}$

①＋②＋③＝$\dfrac{22}{66}=\dfrac{1}{3}$

解答のポイント

　赤, 青, 白の3色あるので, それぞれに場合分けが必要だね。①赤の場合は, 1枚目赤, 2枚目赤以外, 3枚目赤になるね。②青の場合は, もともと4枚あるから, さらに2枚目に青以外のパターンと, 2枚目に青が出るパターンに分ける必要がある。③白も青と同様だね。本問は取ったカードは元に戻さないので, 1枚目に何を取るかによって, 2枚目以降に影響を与えるから, 状況をよく注意して考えよう。

正解 **3**

セクション

6

場合の数・確率

重要度 A

平成26年
特別区

制限時間 ⏳ 3分

問題演習
記録

1回目 ／ □
2回目 ／ □
3回目 ／ □

場合分けが複雑な確率②

> **問題 5** 祖母，両親，子ども2人の5人で暮らしている家族が，買い物に外出する場合，外出のしかたは何通りあるか。ただし，子どもだけでは外出あるいは留守番はできないものとする。

1 22通り

2 25通り

3 28通り

4 31通り

5 34通り

　公式を思い出そうとするのではなく，しっかり場合分けをして書き出してみます。子供を A と B とします。条件より，子供はつねに大人と共に外出するので，外出する大人の人数に応じて，場合分けして考えます。

① **外出する大人が 1 人の場合**

　　行く大人：祖母，父，母　の 3 通り

　　行く子供：0 人，A のみ，B のみ，2 人とも　の 4 通り

　　よって，$3 \times 4 = 12$（通り）

② **外出する大人が 2 人の場合**

　　行く大人：祖母と父，祖母と母，父と母　の 3 通り

　　行く子供：0 人，A のみ，B のみ，2 人とも　の 4 通り

　　よって，$3 \times 4 = 12$（通り）

③ **大人が全員外出する場合**

　　行く大人：全員

　　行く子供：2 人とも（条件より，子供だけで留守番するのはあり得ない）

　の 1 通りです。

　以上より，

　　　$12 + 12 + 1 = 25$（通り）

解答のポイント

　大人が 3 人，子供が 2 人の 5 人の外出のしかたに関する問題だけど，子供は必ず大人と一緒じゃないと外出できないので，大人の人数をもとに場合分けしながら慎重に数えていこう。大人 1 ＋ 子供 0，大人 1 ＋ 子共 1，大人 1 ＋ 子供 2…，と状況を整理して，書き出していこう。場合分けして数えたら最後は「和の法則」（P188 参照）に従って全部加えるんだね。

正解 **2**

重要度 **B**

平成23年
国税専門官

制限時間 ⏳ **4分**

問題演習
記録

1回目 ／ □　2回目 ／ □　3回目 ／ □

場合分けが複雑な確率③

> **問題6**
>
> 袋の中に6枚のカードがあり，そのうち3枚は両面とも白色，2枚は表面が白色で裏面が赤色，1枚は両面とも赤色である。この袋の中からカードを同時に2枚取り出して机の上に置いたとき，2枚とも白色の面が現れる確率はいくらか。
>
> なお，カードの各面が現れる確率はそれぞれ等しいものとする。

1 $\dfrac{2}{3}$

2 $\dfrac{4}{9}$

3 $\dfrac{5}{12}$

4 $\dfrac{1}{3}$

5 $\dfrac{7}{24}$

まず，条件を把握します。6枚のカードのうち，

・3枚が，両面とも白色（カード③と名前を付けます）

・2枚が，表が白色で裏が赤色（カード②）

・1枚が，両面とも赤色（カード①）

です。この6枚のカードから2枚を同時に取り出して机の上に置いたとき，2枚とも白色である確率を求めるという問題です。このとき，1枚ずつ机の上に置くとして考えると，2枚とも白の場合は，

（i） カード③が2枚の場合

（ii） カード③とカード②を順に机の上に置く場合

（iii） カード②とカード③を順に机の上に置く場合

（iv） カード②が2枚の場合

の4通りの場合があります。

（i） カード③が2枚の場合，必ず白色が2枚あらわれるので，

$$\frac{3}{6} \times \frac{2}{5} = \frac{6}{30}$$

（ii） カード③とカード②を順に並べる場合，カード②の白色があらわれる確率は$\frac{1}{2}$より，

$$\frac{3}{6} \times \frac{2}{5} \times \frac{1}{2} = \frac{6}{60}$$

（iii） カード②とカード③を順に並べる場合

$$\frac{2}{6} \times \frac{1}{2} \times \frac{3}{5} = \frac{6}{60}$$

（iv） カード②が2枚の場合

$$\frac{2}{6} \times \frac{1}{2} \times \frac{1}{5} \times \frac{1}{2} = \frac{2}{120}$$

> 場合分けした確率では，それぞれの確率は約分しないほうがいいことが多いよ。

よって，$\frac{6}{30} + \frac{6}{60} + \frac{6}{60} + \frac{2}{120} = \frac{5}{12}$

解答のポイント

　全部で6枚あるカードの中から2枚取り出す。袋の中には，両面白のカード（カード③）片面白，片面赤のカード（カード②），両面赤のカード（カード①）とあって，「2枚とも白」というのは，（カード③2枚），（カード③1枚→カード②1枚），（カード②1枚→カード③1枚），（カード②2枚）のパターンがあるので，それぞれの確率を考えて，最後は「和の法則」に従って全部加えよう。

正解 **3**

すごろくの上がりの確率

問題7　下図のすごろくにおいて,「スタート」の位置から,立方体のサイコロ一つを振って出た目の数だけコマを進ませ,3回目でちょうど「ゴール」に止まる確率として,正しいのはどれか。ただし,「スタートに戻る」の位置に止まったときは,「スタート」の位置に戻る。

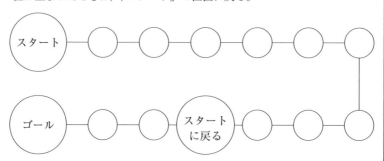

① $\dfrac{1}{72}$

② $\dfrac{1}{12}$

③ $\dfrac{7}{72}$

④ $\dfrac{7}{36}$

⑤ $\dfrac{7}{12}$

こうした問題では，あわてずに書き上げていくのが一番です。

ゴールまで全部で13マスあるので，3つの数の合計が13になる場合の数をかぞえ上げます。その際，最初の2つの数の合計が10になる（「スタートに戻る」のマス）数は除外することに注意します（以下，例えば166は，出る目が順に1, 6, 6であることをあらわします）。

166

265, 256

364, 355, 346

~~463~~, 454, 445, 436

562, ~~553~~, 544, 535, 526

661, 652, ~~643~~, 634, 625, 616

よって，以上の18通りです。

$$\frac{18}{6 \times 6 \times 6} = \frac{1}{12}$$

解答のポイント

　このスマホゲーム全盛時代，はたして，すごろくやったことがある人ってどれくらいいるんだろう？　それはさておき，「スタート」から「ゴール」まで，全13マス。サイコロは3回転するから目の出方は全部で$6 \times 6 \times 6$通りだ（これが分母にくる！）。次に，3回で合計が13になるパターンを拾い出してみよう。（1回目，2回目，3回目）＝ $(1, 6, 6)$，$(2, 6, 5)$，……と数えていくと全部で21通りあるけど，そのうち，ちょうど10マス目に「スタートに戻る」があるから，2回目で合計10になるパターンは除外するよ。そうすると，全部で18通りある（これが分子だ！）これで確率が出せるね。答えは$\frac{18}{216} = \frac{1}{12}$だ！

正解 **2**

重要度 **S**

平成26年
国家専門職

制限時間 ⏳ **4分**

問題演習
記録

1 回目 ／ □　2 回目 ／ □　3 回目 ／ □

頂点にくる確率①

問題 8 図のように，A〜Fの6人が丸いテーブルを囲み，テーブルの中心を向いて座っており，次のようなルールで皿を移動させながら，皿に置かれたパンケーキの上に「が」「ん」「ば」「れ」「日」「本」と1文字ずつチョコレート・クリームで書くこととした。

① 皿を渡されたら，「が」「ん」「ば」「れ」「日」「本」の順に1文字書く。
② 1文字書いたら，コインを1枚投げ，表が出たら右隣の人に，裏が出たら左隣の人に皿を渡す。
③ 6文字書き終わるまで皿を渡し続ける。

　このルールに基づいて，まずAが「が」の文字を書いてから，皿を移動させるとき，Bが最後の文字「本」を書く確率はいくらか。

1 $\dfrac{1}{8}$

2 $\dfrac{1}{5}$

3 $\dfrac{1}{4}$

4 $\dfrac{5}{16}$

5 $\dfrac{11}{32}$

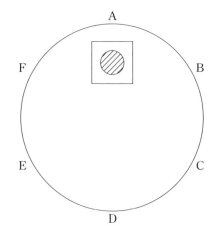

書き上げて考える一手です。

① 登場人物2人のもの：ABABAB

② 登場人物3人のもの：AFAFAB，AFABAB，ABAFAB，ABCBCB，
ABCBAB，ABABCB

③ 登場人物4人のもの：AFABCB，ABCDCB，AFEFAB

④ 登場人物6人のもの：AFEDCB

右か左か確率は$\dfrac{1}{2}$。これを計5回行うから，それぞれの確率は，

$$\dfrac{1}{2^5}=\dfrac{1}{32}$$

そのうち，上の11通りがあるから，

$$\dfrac{1}{32}\times11=\dfrac{11}{32}$$

【別解】

表が5回出た場合：$\dfrac{1}{2^5}=\dfrac{1}{32}$

表が2回，裏が3回出た場合：${}_5\mathrm{C}_2\dfrac{1}{2^5}=\dfrac{10}{32}$

この2通りしかないので，$\dfrac{1}{32}+\dfrac{10}{32}=\dfrac{11}{32}$

セクション **6** 場合の数・確率

解答のポイント

　Aから始めて，コインを投げては，表が出たら反時計回り，裏が出たら時計回りに皿を渡していき，5人目に皿がBのところに回ってくる確率ということだね。Aから始めて5人目にBがくるパターンを拾い出してみよう。同じ人に何回まわってきてもいいんだね。例えば，解説中①のA→B→A→B→A→Bというぐあいにね。数え落としのないよう，慎重に拾い出していこう。それが済んだら，それらはどれも確率的には$\left(\dfrac{1}{2}\right)^5=\dfrac{1}{32}$だから，$\dfrac{1}{32}$を掛ければいい！　根気よく拾い出しだ！

正解 **5**

頂点にくる確率②

問題 9　図のような正方形がある。頂点 A に駒をおき，さいころを振り，出た目に応じ辺にそって隣の頂点に駒を移動させる。さいころの目が1か2であれば上下に1つ移動させ，出た目が3から6であれば左右に1つ移動させる。さいころを4回振って移動させたときに，駒が頂点 B にある確率はいくらか。

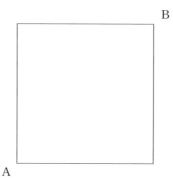

❶ $\dfrac{16}{81}$

❷ $\dfrac{24}{81}$

❸ $\dfrac{32}{81}$

❹ $\dfrac{40}{81}$

❺ $\dfrac{48}{81}$

　上下に1つ移動させる確率は，さいころの目が1, 2のときだから$\frac{1}{3}$です。また，左右に1つ移動させる確率は，さいころの目が3, 4, 5, 6のときだから$\frac{2}{3}$です。与えられた正方形の頂点を，下の図のようにし，どのような場合があるのか書き出してみます。場合分けはどのような方法でもいいのですが，もれなく重複なく数え上げる方法を選択したほうがよいです。

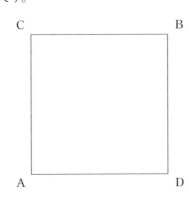

〈頂点Aから最初に上に行く場合〉

ACBDB : $\frac{1}{3} \times \frac{2}{3} \times \frac{1}{3} \times \frac{1}{3} = \frac{2}{81}$

ACBCB : $\frac{1}{3} \times \frac{2}{3} \times \frac{2}{3} \times \frac{2}{3} = \frac{8}{81}$

ACACB : $\frac{1}{3} \times \frac{1}{3} \times \frac{1}{3} \times \frac{2}{3} = \frac{2}{81}$

ACADB : $\frac{1}{3} \times \frac{1}{3} \times \frac{2}{3} \times \frac{1}{3} = \frac{2}{81}$

〈頂点Aから最初に右に行く場合〉

ADBCB : $\frac{2}{3} \times \frac{1}{3} \times \frac{2}{3} \times \frac{2}{3} = \frac{8}{81}$

ADBDB : $\frac{2}{3} \times \frac{1}{3} \times \frac{1}{3} \times \frac{1}{3} = \frac{2}{81}$

ADADB : $\frac{2}{3} \times \frac{2}{3} \times \frac{2}{3} \times \frac{1}{3} = \frac{8}{81}$

ADACB : $\frac{2}{3} \times \frac{2}{3} \times \frac{1}{3} \times \frac{2}{3} = \frac{8}{81}$

したがって，$\frac{14}{81} + \frac{26}{81} = \frac{40}{81}$

解答のポイント

　Aからさいころを4回振って，Bにあるルートを考えるよ。さいころを1回振って，進めるのは上下左右にそれぞれ1回ずつ。具体的に進めるルートを拾い出そう。最初に上に進むか，右に進むかで場合分けをすれば，数え落としにくいよ。

正解 **4**

重要度 **B**

平成25年
東京都

制限時間 ⏳**3分**

問題演習
記録

1回目 ／ □　2回目 ／ □　3回目 ／ □

くじ引きの確率

> **問題 10** ある商店街の福引抽選会において，2本の当たりくじを含む8本のくじの
> 中から3人が順番にそれぞれ1本ずつくじを引いたとき，3人のうち2人
> が当たる確率として，正しいのはどれか。ただし，引いたくじは戻さない。

1 $\dfrac{1}{8}$

2 $\dfrac{2}{13}$

3 $\dfrac{3}{14}$

4 $\dfrac{3}{28}$

5 $\dfrac{9}{64}$

　2本の当たりくじを含む8本のくじの中から3人が順番にそれぞれ1本ずつくじを引いたとき，3人のうち2人が当たる場合は，（当，当，×），（当，×，当），（×，当，当）の3通りあります。

$$（当，当，×）：\frac{2}{8}\times\frac{1}{7}\times\frac{6}{6}=\frac{1}{28}$$

$$（当，×，当）：\frac{2}{8}\times\frac{6}{7}\times\frac{1}{6}=\frac{1}{28}$$

$$（×，当，当）：\frac{6}{8}\times\frac{2}{7}\times\frac{1}{6}=\frac{1}{28}$$

したがって，求める確率は，

$$\frac{1}{28}+\frac{1}{28}+\frac{1}{28}=\frac{3}{28}$$

　このような，くじ引きでは何番目に引いても当たる確率はみんな同じ，というのは，中学の教科書で必ず出てくるよ。

　よって，当たる確率は $\frac{1}{4}$，はずれる確率は $\frac{3}{4}$ だから，

$$_3C_2\times\left(\frac{1}{4}\right)^2\times\left(\frac{3}{4}\right)$$

としては，誤りだよ。

　この場合は，前の人が当たりを引くか，はずれを引くかで場合分けしなくてはいけないよ。

解答のポイント

　3人を A, B, C として，そのうち，2人が当たり，1人がはずれるパターンをまず拾い出そう（これは3パターンある）。そのとき，くじは戻さないので，自分より前に引いた人が当たるのか，外れるのかによって，自分が当たる確率って変わってくるよね。（あたり前だけど，前の人が当たれば，当たりくじの本数は減る）そのことを考慮して，計算していこう！　また，はずれるってことは全体の本数の中から，はずれくじを引くって考えればいいよ。

正解 **4**

条件のついた並べ方

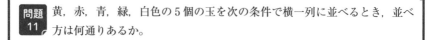

問題 11 黄，赤，青，緑，白色の5個の玉を次の条件で横一列に並べるとき，並べ方は何通りあるか。

○ 黄色の玉は端に置く。

○ 赤色の玉と青色の玉は隣り合うように置く。

○ 緑色の玉は中央（左右それぞれの端から三つ目）に置かない。

1 16

2 20

3 24

4 28

5 32

条件より，黄色と緑が固定され，残りの3か所を埋めていくことになります。

㊥ ㊡ ◯ ◯ ◯ ⟶ 白赤青 白青赤 赤青白 青赤白 ：パターンA

㊥ ◯ ◯ ㊡ ◯ ⟶ 赤青－白 青赤－白

㊥ ◯ ◯ ◯ ㊡ ⟶ パターンAと同じ

◯ ◯ ◯ ㊡ ㊥ ⟶ パターンAと同じ

◯ ㊡ ◯ ◯ ㊥ ⟶ 白－赤青 白－青赤

㊡ ◯ ◯ ◯ ㊥ ⟶ パターンAと同じ

$4 \times 4 + 2 \times 2 = 20$（通り）

> この問題の場合，条件は左右両端と中央なので，左右を
> ひっくり返しても同じなので，黄色が左端のときのみを求
> めて2倍するという方法もあるよ。

セクション

6

場合の数・確率

解答のポイント

　場合の数は，制限のかかる場所から考えるがセオリー。
本問は，「黄色の玉は端」「緑色の玉は中央に置かない」と
いう条件から黄色の左端，右端の2通りに対して，緑が3
通り考えられるね。あとはそれぞれを場合分けしながら，
残りの条件「赤色の玉と青色の玉は隣り合う」パターンを
数えていこう！

正解 **2**

重要度

S

平成25年
国家一般職

制限時間 ⌛ 6分

問題演習
記録

1回目 ／ □
2回目 ／ □
3回目 ／ □

割合①

> **問題12** ある格付け会社は企業をA，B，C，D（ランク外）の4段階で格付けしている。表は，この格付け会社によってA，B，Cに格付けされた企業が1年後にどのような格付けになるかの確率を示したものである。これによれば，現在Aに格付けされている企業が4年以内にD（ランク外）の格付けになる確率はいくらか。ただし，いったんD（ランク外）の格付けになった企業が再びA，B，Cの格付けを得ることはないものとする。

1年後の格付け 現在の格付け	A	B	C	D （ランク外）
A	90%	10%	0 %	0 %
B	10%	80%	10%	0 %
C	5 %	10%	80%	5 %

1 0.1%

2 0.125%

3 0.15%

4 0.175%

5 0.2%

整理すると,

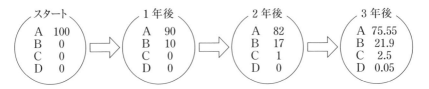

```
 スタート        1年後         2年後         3年後
 A  100         A   90        A   82        A  75.55
 B    0    ⇒    B   10   ⇒    B   17   ⇒    B  21.9
 C    0         C    0        C    1        C   2.5
 D    0         D    0        D    0        D   0.05
```

となり, 4 年以内に D になるのは 3 年後の時点で D の企業と C の企業の 5%だから,

$0.05 + 2.5 \times 0.05 = 0.175\%$

> 上の図で, 1 年後はわかると思うけど, 2 年後を説明しよう。
> 2 年後に A になるのは,
>   1 年後の A の90%　$90 \times 0.9 = 81$
>   1 年後の B の10%　$10 \times 0.1 = 1$
> これの和になるから, 82になるよ。

解答のポイント

　表の見方がわかりにくいよね。これは縦横, 交わるところの数字を見るんだ。例えば, 現在の格付け (縦の列) が A の企業が, 1 年後の格付け (横の列) も A である確率が90%という意味だ。それによると, 現在 A の企業が 4 年以内に D の格付けになるとしたら, ①3 年で D になるか②4 年で D になるかのいずれかだ。①のパターンとしては, A→B→C→D しかない。②のパターンは, A → A → B → C → D, A → B → B → C → D, A→B→C→C→D の 3 パターンだから, それぞれの確率を出して, 最後は加えよう。

正解 **4**

平成22年
国税専門官

制限時間 ⏳4分

問題演習
記録

1
回
目 ✓ □

2
回
目 ✓ □

3
回
目 ✓ □

重要度 **B**

割合②

> **問題13** ある地域においては，ある日の天気と次の日の天気との関係が図のような確率遷移となることが知られている。例えば，図において，ある日の天気が晴れであったとき，次の日も晴れとなる確率は $\frac{7}{10}$ である。
>
> ここで，この地域のある日の天気が晴れであったとき，その後の3日間で2日以上が雨となる確率はいくらか。
>
> ただし，1日の天気は，晴れ，曇り，雨のいずれか一つに決まるものとする。

1 $\frac{2}{125}$

2 $\frac{7}{250}$

3 $\frac{21}{500}$

4 $\frac{29}{500}$

5 $\frac{19}{250}$

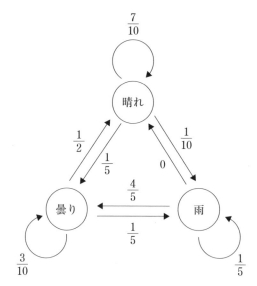

与えられた図において，雨の日から晴れになる確率は 0 であることに注意して，ある晴れた日の次の日を含む 3 日間の天気を，雨が 2 日以上ある場合のみ書き上げていきます。それぞれの確率を計算していき，それらの確率の和が求める確率になります。

$$晴れ － 雨 － 雨 － 雨 \quad : \quad \frac{1}{10} \times \frac{1}{5} \times \frac{1}{5} = \frac{1}{250}$$

$$－ 雨 － 雨 － 曇 \quad : \quad \frac{1}{10} \times \frac{1}{5} \times \frac{4}{5} = \frac{4}{250}$$

$$－ 雨 － 曇 － 雨 \quad : \quad \frac{1}{10} \times \frac{4}{5} \times \frac{1}{5} = \frac{4}{250}$$

$$－ 曇 － 雨 － 雨 \quad : \quad \frac{1}{5} \times \frac{1}{5} \times \frac{1}{5} = \frac{1}{125}$$

$$－ 晴 － 雨 － 雨 \quad : \quad \frac{7}{10} \times \frac{1}{10} \times \frac{1}{5} = \frac{7}{500}$$

したがって，これらの和は，$\dfrac{29}{500}$

セクション

6

場合の数・確率

解答のポイント

ある日の「晴れ」から 3 日間で 2 日以上が「雨」となるパターンを拾い出そう。大きく分けて①3 日間雨と②2 日間雨があるね。拾い出せたら，それぞれの確率を出して，最終的には加えていこう。このとき，前日の天気によって，次の日の天気の確率は異なるから，問題文の図をよく見てね。拾い出しには樹系図を使ってみるのもいいね！

正解 **4**

重要度
S

平成24年
国家専門職

制限時間 2分

問題演習
記録

1回目 ☐
2回目 ☐
3回目 ☐

もののの配り方の場合の数

> **問題14** 同じ鉛筆が全部で6本ある。これをA, B, Cの3人に残らず配る場合の配り方は全部で何通りか。ただし，鉛筆を1本ももらえない人がいてもよいとする。

1 22通り

2 24通り

3 26通り

4 28通り

5 30通り

同じ鉛筆が全部で 6 本あり，3 人に残らず配る分け方が問われています。しかし，「鉛筆を 1 本ももらえない人がいてもよい」との条件から，合計 6 本を，0 を含めて 3 つの数字でどのようにあらわすことができるか，という意味に捉えなおすことができます。

①	6	0	0
②	5	1	0
③	4	2	0
④	4	1	1
⑤	3	3	0
⑥	3	2	1
⑦	2	2	2

まずは，数字の表し方だけを検討し，後に A, B, C に当てはめるという手順を踏むことにします。

右の表のように，7 通りであらわすことができます。この 7 通りそれぞれについて，順列で（A, B, C に配る）何通りあるかを検討します。同じ数字を含む①，④，⑤は各 3 通り，数字がすべて異なる②，③，⑥は各 6 通り，数字がすべて同じの⑦は 1 通りなので，合計

$$3 \times 3 + 6 \times 3 + 1 = 28（通り）$$

【別解】

上の図にあるように，鉛筆（○）という同じもの 6 個を，仕切り板（太い縦線）2 枚を並べる方法が何通りあるかという問題に還元できます。

A, B, C の 3 人に分けるには，仕切り板は，2 枚で済みます。

$$\frac{(6+2)!}{6!\,2!} = \frac{8!}{6!\,2!} = \frac{8 \times 7}{2 \times 1} = 28$$

セクション 6 場合の数・確率

解答のポイント

これは，頻出問題だね。同じ鉛筆 6 本を○であらわし，それを A, B, C の 3 人に配る（0 本の人がいてもいい）配り方だけど，○ 6 個の間に仕切り板 2 枚を入れると考えればよい。例えば，「○○｜○○○｜○ → A に 2 個，B に 3 個，C に 1 個」というぐあいだ。

これは，「同じものを含む順列」の考え方を利用して，$\frac{8!}{6!\,2!} = 28$ 通りだ。もし，本問が「1 人最低 1 本は配る」という条件だったら，その場合は，○と○のすき間 5 箇所の中から仕切り板の場所，2 箇所を選ぶと考えて，$_5C_2 = 10$ 通りになるよ。条件をよく見てね！

正解 **4**

平成24年
国家一般職

制限時間 ⏳**3分**

問題演習
記録

正三角形になる確率

問題
15

図のように，円周上に等間隔に並んだ12個の点から異なる3点を無作為に選んで三角形をつくるとき，得られた三角形が正三角形になる確率はいくらか。

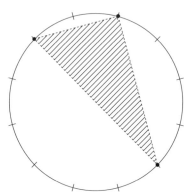

❶ $\dfrac{1}{110}$

❷ $\dfrac{1}{55}$

❸ $\dfrac{1}{33}$

❹ $\dfrac{1}{12}$

❺ $\dfrac{1}{11}$

1から12まで円形に数字を並べてみます。1を基準に等間隔に3つの数字を選ぶと，(1, 5, 9) というように，間に3つずつ数字があるように選ぶことができます。この選び方が正三角形になる点の選び方なので，順に1つずつずらしていくと，

(1, 5, 9)，(2, 6, 10)，

(3, 7, 11)，(4, 8, 12)

したがって，全通りは12個の点から3個の点を選ぶ選び方で，指定された形は4通りだから，

$$\frac{4}{{}_{12}\mathrm{C}_3}=\frac{4}{220}=\frac{1}{55}$$

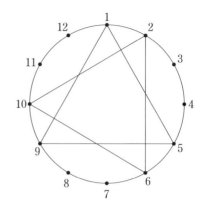

このような問題では，点の数を少なくして，二等辺三角形になる確率や直角三角形になる確率を問う問題もあるんだ。

セクション

6

場合の数・確率

解答のポイント

確率＝(対象の事象)／(全体の事象) これが大前提。分母，分子別々に考えていこう。まずは，全12個の中から3個の点を選べば三角形は作れるので，全体の事象は ${}_{12}\mathrm{C}_3$ だ。この値が分母にくる。次に，正三角形の選び方だけど，具体的な正三角形を1つ描いてみよう。1つの頂点を選んだら，あとは均等に間隔をとって，3つの頂点を選んだものが正三角形だ。そうすると，点と点の間に3つの点が存在するはずだ。1つの点を選べば残り2つはおのずと決まるので，最初に選んだ点＋間の3つの点を加えて，正三角形の選び方は全部で4通りあるってことだね。これが分子にくるよ。

正解 **2**

余事象の利用

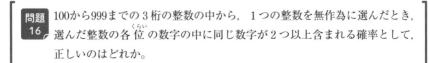

問題
16

100から999までの3桁の整数の中から，1つの整数を無作為に選んだとき，選んだ整数の各位の数字の中に同じ数字が2つ以上含まれる確率として，正しいのはどれか。

① $\dfrac{1}{5}$

② $\dfrac{1}{10}$

③ $\dfrac{7}{25}$

④ $\dfrac{9}{25}$

⑤ $\dfrac{11}{25}$

　全通りである100から999までの3桁の整数は，百の位が1～9の9通り，十の位が0～9までの10通り，一の位が0～9までの10通りなので，$9 \times 10 \times 10$（通り）存在します。

　整数の各位の数字の中に同じ数字が2つ以上含まれる場合を検討するには，余事象である整数の各位の数字の中に同じ数字が含まれない場合を考えればよいです。

　この余事象は，百の位が9通り，十の位は0～9までの10通りのうち百の位で使用した数字を抜かすので9通り，一の位は0～9までの10通りの中から百の位と十の位で使用した数字を抜かすので8通りなので，$9 \times 9 \times 8$（通り）存在します。

　したがって，求める確率は，全事象の確率1から余事象の確率を引くので，

$$1 - \frac{9 \times 9 \times 8}{9 \times 10 \times 10} = \frac{7}{25}$$

セクション

6

場合の数・確率

解答のポイント

　本問は「各位の数字の中に同じ数字が2つ以上含まれる確率」を聞いているから，①同じ数字が2つ，②同じ数字が3つという場合分けをして数えてもいいけど，それより早いのが「余事象」を使った考え方だ！　「同じ数字が2つ以上含まれる」ことの正反対のこと。つまり，「3つとも異なる数字」の確率をだして，それを1から引けばいい。余事象を使うと問題がすばやく解けるから，是非，使いこなせるようになってね！

正解 **3**

重要度

平成22年
東京都

制限時間 ⏳3分

問題演習
記録

1回目 ／□　2回目 ／□　3回目 ／□

何個以上の確率

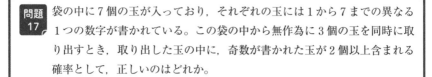

> **問題17** 袋の中に7個の玉が入っており，それぞれの玉には1から7までの異なる1つの数字が書かれている。この袋の中から無作為に3個の玉を同時に取り出すとき，取り出した玉の中に，奇数が書かれた玉が2個以上含まれる確率として，正しいのはどれか。

1 $\dfrac{15}{28}$

2 $\dfrac{22}{35}$

3 $\dfrac{25}{42}$

4 $\dfrac{33}{53}$

5 $\dfrac{36}{65}$

まず，条件を把握します。袋に 1 から 7 までの異なる数字が書かれた玉が 7 個あり，無作為に 3 個取ったときに，2 個以上の奇数が書かれた玉を含む確率を求めます。ここで，2 つ以上の奇数が書かれた玉の場合の確率というのは，奇数が書かれた玉が 2 個の場合と 3 個の場合の数をそれぞれ計算して，確率を求めるという手順を踏むということになります。

7 個の玉から無作為に 3 個の玉を同時に取り出す取り出し方

$$_7C_3 = \frac{7 \cdot 6 \cdot 5}{3 \cdot 2 \cdot 1} = 35 \ （通り）$$

3 個のうち 2 つが奇数である場合：4 種類の奇数から 2 つ選び，それに対して偶数が 3 種類

$$_4C_2 \times 3 = \frac{4 \cdot 3}{2 \cdot 1} \times 3 = 18 \ （通り）$$

3 個のうち 3 つが奇数である場合：4 種類の奇数から 3 つ選ぶ

$$_4C_3 = {_4C_1} = 4 \ （通り）$$

よって，求める確率は，

$$\frac{18 + 4}{35} = \frac{22}{35}$$

> 問題文に，「何個以上」とあるから，余事象を考えたくなるけど，この問題の場合は，余事象も同じような計算になるから，普通に，2 個の場合，3 個の場合と考えよう。

セクション **6** 場合の数・確率

解答のポイント

まず，全体の数は $_7C_3$ だね。これが，分母にくる。分子にくるのは「奇数が書かれた玉が 2 個以上」の場合の数だ。奇数の玉が 2 個（①），奇数の玉が 3 個（②）の 2 パターンに分けて考えよう。1 から 7 までの中に奇数は 4 つ，偶数 3 つ。①ではそこから奇数 2 つと偶数 1 つを取り出すので，$_4C_2 \times {_3C_1}$ ②は $_4C_3$ だね。あとは，それぞれ確率の形にして，加えよう。ここで大事なことは，①の奇数を 2 個取り出すときに，それで終わらずに，偶数 1 個を取り出すってことを忘れないことだね！

正解 **2**

平成22年
国税専門官

制限時間 ⌛ 4分

問題演習
記録

1回目 ／ □
2回目 ／ □
3回目 ／ □

期待値①

問題18 X国で販売予定の宝くじ（1口当たり200ドル）について，出現確率と賞金が次のように示されている。

	1等	2等	3等	4等	はずれ
出現確率（％）	0.01	0.19	0.8	19.0	80.0
賞金（ドル）		20,000	4,000	100	0

　この宝くじの賞金の期待値が1口当たり価格の8割（160ドル）となるための1等賞金はいくらか。

1 71万ドル

2 72万ドル

3 73万ドル

4 74万ドル

5 75万ドル

期待値とは，出現確率と賞金の積をそれぞれ1等からはずれ（4等）まで計算して，それらの値の和のことです。

1等の賞金を x と置きます。

$$0.0001x + 0.0019 \times 20{,}000 + 0.008 \times 4{,}000 + 0.19 \times 100 + 0.8 \times 0 = 160$$

これを解くと，

$$0.0001x = 71$$

$$x = 710{,}000$$

期待値は，学校では高校生のときに「平均（＝期待値）」という用語で学習します。学校では，期待値の問題はあまり出題されませんが，数的推理としてはよく出題されます。

逆に，学校でよく出題された「条件付き確率」は，数的推理ではあまり出題されません。でも，復習しておくことは必要です。次の例題を考えてみてください。

例題

1から10までの番号をつけた10枚のカードから，1枚を取り出します。そのカードが偶数であることが分かっているとき，そのカードが4の倍数である確率を求めなさい。

答　偶数である⇒2，4，6，8，10の5通り

　　4の倍数である⇒4，8の2通り

　　よって，$\dfrac{2}{5}$

解答のポイント

「期待値」って何か知ってるかな？　それは，宝くじなどで，くじを1枚購入することで期待できる賞金の額のこと。具体的には，「期待値＝報酬額×確率」のことだ。本問の場合，1等，2等，3等，4等のそれぞれの「賞金額×その確率」を計算して，加えたものが全体の期待値になる。200ドルで160ドルが期待できるってどうなんだろう。得か，損か？（笑）　現実の宝くじの期待値はどうなのかね？　知ってしまったら，バカらしくて買えなくなるかも。（笑）

正解 **1**

重要度 B

平成22年
国家Ⅱ種

制限時間 ⏳3分

問題演習
記録

1回目 □／ 2回目 □／ 3回目 □／

期待値②

問題19 次の文の ア , イ , ウ に入るものの組合せとして最も妥当なのはどれか。

あるクイズ番組の優勝者には，次の方法により賞金を獲得するチャンスが与えられる。

①まず，優勝者は，次のAとBのどちらかを選択する。
　A：100%の確率で100万円の賞金を得ることができる。
　B：50%の確率で300万円の賞金を得ることができるが50%の確率で何も得られない。

②次に，くじを引き，くじが当たりであれば①であらかじめ選んだAあるいはBの権利を行使できるが，はずれならば何も得ることができない。
　　ただし，くじに当たる確率は20%である。
　　この場合，これからくじを引こうという段階においては，Bを選んだ人にとっては
　「 ア の確率で300万円を得ることができるが イ の確率で何も得られない」という状況にあるといえる。
　　この状況を，これからくじを引こうという段階でAを選んだ人の状況と比較すると，Bを選んだ人の所得の期待値は，Aを選んだ人の所得の期待値より ウ 大きい。

	ア	イ	ウ
1	5 %	95%	20万円
2	10%	90%	5万円
3	10%	90%	10万円
4	20%	80%	10万円
5	20%	80%	20万円

空欄アのBを選んだ人は20%の確率でくじに当たり，50%の確率で賞金がもらえるので，

$$0.2 \times 0.5 = 0.1$$

つまり，10%の確率で300万円を得ることができます。しかし，逆にいえば，90%の確率で何も得られないということでもあります。

したがって，Bを選んだ人の期待値は，

$$300万円 \times 0.1 = 30万円$$

です。

次に，Aを選んだ人の期待値を考えます。

くじに当たる確率20%と当選金額100万円の積なので，

$$100万円 \times 0.2 = 20（万円）$$

よって，Bを選んだ人の所得の期待値は，Aを選んだ人の所得の期待値より10万円大きいことがわかります。

セクション

6

場合の数・確率

解答のポイント

なかなか面白い問題だね。A，Bを選ぶってことと，くじを引くってことの2重構造になっている。Bを選んだ人は「くじに当たる」ってことと，「300万円の賞金を得る」ってことが起きなければいけない。この2つの試行は，お互いに影響のない，独立な試行なので，それぞれの確率を掛け合わせる。Aを選んだ人は「くじに当たる」ってことだけで「100万円の賞金を得る」ことが確定するわけだから，普通に考えたらAを選びたくなるけど，期待値に換算すると，Bのほうが期待値が高いっていうのが面白いよね。

正解 **3**

「場合の数・確率」で知っておきたい知識の整理

🔵 余事象の整理

　問題によっては「余事象」の考え方を利用する場合も多くあります。

「余事象」のやり方というのは，「○○の起こる確率」を求める際に，それが，難しい場合，「○○の起こらない確率」＝「排反事象の確率」を利用するやり方です。

余事象の確率＝1－排反事象の確率

　確率の場合，全事象＝1だから，1から「○○の起こらない確率」を引くことで「○○の起こる確率」を出すことができます。

🔵 和の法則・積の法則

　2つの事柄 A，B があり，A の起こる場合の数が a 通り，B の起こる場合の数が b 通りあるとき，

和の法則	事柄 A，B が一緒には起こり得ないとき，「A または B の起こる場合の数は，$a+b$ 通りである。」
積の法則	事柄 A，B が一緒に起こるとき，「A かつ B の起こる場合の数は，$a \times b$ 通りである。」

セクション
7

図形

重要度

A

平成30年
東京都

制限時間 ⏳3分

問題演習
記録
1回目 ／ □
2回目 ／ □
3回目 ／ □

図形の中の図形の計量

問題1 下の図のような,一辺20cm の正五角形の内側に,各頂点を中心として各辺を半径とする円弧を描いたとき,図の斜線部分の周りの長さとして,正しいのはどれか。ただし,円周率は π とする。

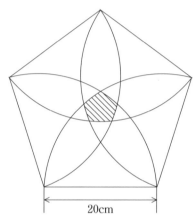

20cm

① $\dfrac{4}{3}\pi$ cm

② $\dfrac{10}{3}\pi$ cm

③ $\dfrac{5}{2}\sqrt{3}\,\pi$ cm

④ $\dfrac{20}{3}\pi$ cm

⑤ $\dfrac{25}{2}\sqrt{3}\,\pi$ cm

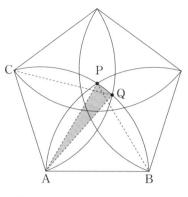

斜線部分は正五角形でないことに注意しよう。

上の図で，一辺 20cm の正三角形△ PAB，△ QAC の間にできる扇形 APQ に注目すると，

$$\angle PAQ = (\angle PAB + \angle QAC) - (\text{正五角形の 1 つの内角})$$
$$= (60° + 60°) - 108° = 12°$$

となる。したがって，

$$\overset{\frown}{PQ} = 20 \times 2 \times \pi \times \frac{12}{360} = \frac{4}{3}\pi$$

元の図の斜線部の周りの長さは，この 5 倍になる。

よって，

$$\frac{4}{3}\pi \times 5 = \frac{20}{3}\pi$$

セクション **7** 図形

解答のポイント

　幾何学模様の花びらのような，美しさ……などと感動している場合じゃないね。斜線部分の図形は正多角形というわけではないから，その周の長さを出すのは，一か所の弧の長さを出して，それを 5 倍すればいいよね。弧の長さを出すには，半径や内角の大きさが必要だ。PA = QA = 20 というのは，すぐ気付くだろう。問題は内角∠ PAQ の大きさだよね。∠ PAQ = ∠ PAB + ∠ QAC - ∠ CAB が思い付くかどうかがポイントだね！

正解 **4**

軌跡の面積①

問題 2 下の図のように，長さ26cmの線分ABが，両端を円周に接しながら矢印の方向に1周して元の位置に戻るとき，線分ABが描く軌跡の面積として，正しいのはどれか。ただし，円周率はπとする。

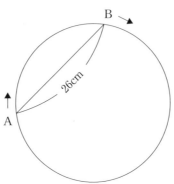

1 $100\pi\,\mathrm{cm}^2$

2 $121\pi\,\mathrm{cm}^2$

3 $144\pi\,\mathrm{cm}^2$

4 $169\pi\,\mathrm{cm}^2$

5 $196\pi\,\mathrm{cm}^2$

線分 AB の描く軌跡は，右の図 I の影をつけた部分になります。この面積を求めます。

（図 I）

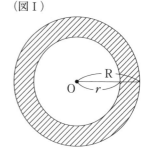

同心円の中心を O，大円の半径を R，小円の半径を r とし，求める面積を S とすると，

$$S = \pi R^2 - \pi r^2$$
$$= \pi(R^2 - r^2) \cdots\cdots ①$$

また，右の図 II のように，二等辺三角形 OAB において，O から線分 AB に下ろした垂線と AB との交点を C とすると，

$$AC = 26 \div 2 = 13$$

で，$\angle ACO = 90°$ です。

（図 II）

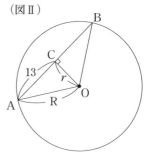

よって，△AOC で三平方の定理より，

$$R^2 - r^2 = 13^2 = 169 \cdots\cdots ②$$

②を①に代入すると，

$$S = 169\pi$$

セクション

7

図形

解答のポイント

　直線 AB が外側の円に接しながら 1 周して元の位置に戻るなら，内側に通れない部分ができてしまうことは，想像できる。そして，その形が円になるのもなんとなく想像できるよね。結果的に，外側の円から，通れない内側の円を引くことで軌跡の面積を出すんだろうなーってことまでは，比較的早い段階で思いつく。ただ問題は，その際に半径をどうやって出すかだ。本問は AB の長さしかわからず，半径らしきものは全くわかってないミステリー。大円，小円の半径を R，r とするところまではいいとして，R，r それぞれ値をださねば！って考えてしまうと，袋小路に入って抜け出せなくなるよ。気を付けて！

正解 **4**

重要度

B

平成25年
東京都

制限時間 ⏳ 3分

問題演習
記録

1
回
目 ／□

2
回
目 ／□

3
回
目 ／□

軌跡の面積②

問題
3

下図は、長方形の部屋を上から見たものであり、直径 a の円形の掃除ロボットが、部屋の内側を壁に接しながら一周して床を掃除した。このとき、掃除ロボットが描く軌跡の面積として、正しいのはどれか。ただし、円周率は π とする。

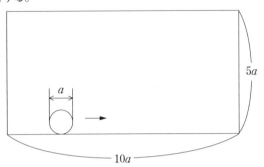

❶ $(22 + 4\pi)a^2$

❷ $\left(25 + \dfrac{\pi}{4}\right)a^2$

❸ $\left(26 + \dfrac{\pi}{4}\right)a^2$

❹ $(26 + \pi)a^2$

❺ $\left(27 + \dfrac{\pi}{4}\right)a^2$

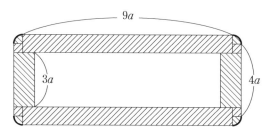

軌跡の面積は上の図のようになります。

したがって，求める面積は，以下の図形の面積の和になります。

　　縦 a 横 $9a$ の長方形の面積 2 つと，

　　縦 $3a$ 横 a の長方形の面積 2 つと，

　　1 辺が $\frac{1}{2}a$ の正方形の面積 4 つ（1 辺 a の正方形の面積）と，

　　半径 $\frac{1}{2}a$ の円の面積

よって，

$$9a \times a \times 2 + 3a \times a \times 2 + a^2 + \pi \left(\frac{1}{2}a\right)^2$$

$$= 18a^2 + 6a^2 + a^2 + \frac{1}{4}\pi a^2$$

$$= \left(25 + \frac{1}{4}\pi\right)a^2$$

【別解】

掃除ロボットが掃除できないのは上の図の中央の長方形と四隅と考えて

$$10a \times 5a - \left(3a \times 8a + a^2 - \frac{1}{4}\pi a^2\right)$$

と立式する方法もあります。

> 解答のポイント
>
> 　掃除ロボットが題材になるなんて，イマドキだよね。まあ，でも問題自体は古典的な問題かな。長方形の内側の辺に沿って，円が動くときの面積を考えればよい。ポイントは円だから，完全に隅っこの部分までは行けないよね。その角の部分の面積は，円の半径の長さ $\left(\frac{1}{2}a\right)$ を一辺とする正方形から円の面積の $\frac{1}{4}$ を引けば出るよね。全体の面積から，真ん中の長方形と 4 隅分の面積を引いたら OK！

セクション

7

図形

正解 **2**

重要度

B

平成29年
特別区

制限時間 ⏳4分

問題演習
記録

1
回目 ／ ☐
2
回目 ／ ☐
3
回目 ／ ☐

面積比の利用

問題
4

次の図のように，短辺の長さが 6cm，長辺の長さが 8cm の長方形 ABCD の内部に点 E がある。三角形 BCE と三角形 ADE との面積比が 1 対 2，三角形 CDE と三角形 ABE との面積比が 1 対 3 であるとき，三角形 BDE の面積はどれか。

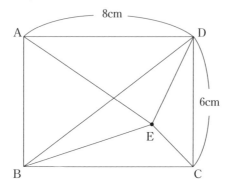

1 17cm²

2 28cm²

3 39cm²

4 10cm²

5 11cm²

点 E から辺 BC に下ろした垂線と，辺 BC との交点を F とします。

$\triangle BCE : \triangle ADE = 1 : 2$ より，

$$EF = 6 \times \frac{1}{3} = 2 \ (cm)$$

よって，

$$\triangle BCE = 8 \times 2 \times \frac{1}{2}$$
$$= 8 \ (cm^2) \ \cdots\cdots ①$$

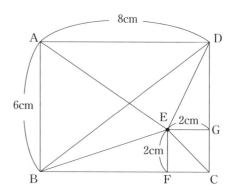

また，点 E から辺 CD に下ろした垂線と，辺 CD との交点を G とします。

$\triangle CDE : \triangle ABE = 1 : 3$ より，

$$EG = 8 \times \frac{1}{4} = 2 \ (cm)$$

よって，

$$\triangle CDE = 6 \times 2 \times \frac{1}{2} = 6 \ (cm^2) \ \cdots\cdots ②$$

①，②より，

$$\triangle BDE = \triangle BCD - (\triangle BCE + \triangle CDE)$$
$$= \left(8 \times 6 \times \frac{1}{2} \right) - (8 + 6) = 10 \ (cm^2)$$

解答のポイント

解説文で1行目「点 E から辺 BC に下ろした垂線と，辺 BC との交点を F とします。$\triangle BCE : \triangle ADE = 1 : 2$ より，$EF = 6 \times \frac{1}{3} = 2 \ (cm)$」ってある部分で「？」ってなった人はいない？　これは，「底辺の等しい三角形の面積比 ＝ 高さの比」がいえるからなんだね。$\triangle BCE$ と $\triangle ADE$ はどちらも底辺は AD ＝ BC ＝ 8（cm）だよね。そこで「面積比 ＝ 高さの比」となって，$EF = CD \times \frac{1}{3} = 6 \times \frac{1}{3} = 2$（cm）なんだね。同様のことが $\triangle CDE$ と $\triangle ABE$ にもいえるからね。相似関係でもない三角形どうしの面積比から高さを求めるときは，まずはこのことを思い出してね！

正解 **4**

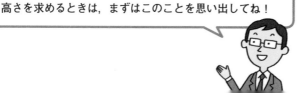

重要度 A　重なった部分の面積

問題5　下図のように，一辺の長さ$5a$の正方形 ABCD の頂点 C に，一辺の長さ$3a$の正方形 EFGH の対角線の交点を合わせて重ねたとき，この 2 つの正方形によってつくられる太線で囲まれた部分の面積として，正しいのはどれか。

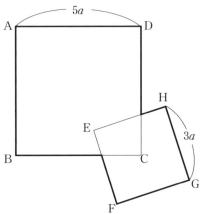

1　$\dfrac{307a^2}{10}$

2　$\dfrac{247a^2}{8}$

3　$\dfrac{187a^2}{6}$

4　$\dfrac{127a^2}{4}$

5　$\dfrac{67a^2}{2}$

問題文の図は，小さい正方形が斜めに配置されていますが，特に角度の指定等はありません。このような場合は，素直に90度に重ねた状態で考えてもよいことになります。

すると，大きい正方形と小さい正方形の重なり部分は一辺が $\frac{3}{2}a$ の正方形になります。この部分の面積は

$$\left(\frac{3}{2}a\right)^2$$

よって，求める面積は，

$$(5a)^2 + (3a)^2 - \left(\frac{3}{2}a\right)^2 = \frac{127a^2}{4}$$

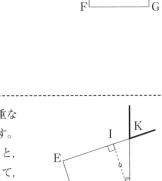

気になる人のために，重なった部分の面積が，重なり方に関係なく一定ということを説明しておきます。

右の図のように，Cから各辺に垂線をひくと，△CJHと△CKIは合同になります。したがって，△CKIを△CJHの位置に移動させれば，重なった部分は，常に正方形CIEHの面積と等しくなるというわけです。

解答のポイント

大小，2つの正方形が斜めになっているよね。この「斜め」ってのがなんだかイヤーな感じ（笑）でもご安心を，確かに問題文の図だと斜めだけど，具体的に斜めぐあいの角度が出てるわけでもない。指定されているのは，あくまで「頂点Cと小さい正方形の対角線の交点を合わせる」ことだけ。こういった場合は「自分の都合のいい状態で考えちゃおう！」ってこと。そんなこと許されるの？　って思うかもしれないけど，大丈夫！　だって，重なる角度が変わって，面積が変わるなら，それを指定していないのは問題文として説明不足ってことになるからね。そんな欠陥問題を公務員試験で出すわけがない。だから，一番わかりやすい角度で考えて大丈夫ってこと。意外とこのパターンは多いよ！

セクション

7

図形

正解 **4**

重要度
A

平成27年
東京都

制限時間 ⌛4分

問題演習
記録

1
回目 ✓ ☐
2
回目 ✓ ☐
3
回目 ✓ ☐

凹四角形の角度

問題
6

下図のように，三角形 ABC は AC＝BC の二等辺三角形であり，三角形 ABD 及び三角形 ACE は正三角形であるとき，∠BFC の角度として，正しいのはどれか。

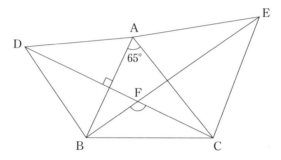

❶　115°

❷　120°

❸　125°

❹　130°

❺　135°

　一般に，凹四角形 ABFC において，∠BFC は，
∠BAC と∠ABF と∠ACF の和になります。

　この問題では，DC は二等辺三角形 ABC の頂角
を通る垂線だから，∠ACB は，これによって二等
分され，

　　　$(180° - 65° \times 2) \div 2 = 25°$

とわかります。したがって，∠ACF = 25°

　また，△BCE は，BC = CE の二等辺三角形で，頂角の∠BCE の大きさは，

　　　$50° + 60° = 110°$

したがって，1 つの底角の大きさは，

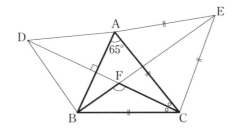

　　　$(180° - 110°) \div 2 = 35°$

よって，∠ABF は，

　　　$65° - 35° = 30°$

以上より，求める∠BFC は，

　　　$65° + 30° + 25° = 120°$

解答のポイント

　三角形が幾重にも入り組んでいてわかりにくいね。角度
の問題は，とりあえず，わかる角度から出していこう！
そのうち，鉱脈が見つかるかも！　△ABC は二等辺三角
形だから，∠CAB = ∠CBA = 65° だよね。∠ACB =
$180° - 65° \times 2 = 50°$ だ！　また，△ECB も CB = CA =
CE から，CB = CE の二等辺三角形だよね。∠ECB = 50°
$+ 60° = 110°$ だから，∠CBE = ∠CEB = $(180° - 110°)$
$\div 2 = 35°$ よって，∠ABF = 65 - 35 = 30° ここで，AB
と CD の 交 点 を G と す る と，△FBG に お い て，
∠GFB = $180° - (30° + 90°) = 60°$ よって，∠CFB = $180°$
$- 60° = 120°$ だ！　フー，疲れた（笑）

正解 **2**

平成26年
特別区

制限時間 ⏳ 4分

問題演習
記録

1回目 ✓ □　2回目 ✓ □　3回目 ✓ □

図形の中の面積①

問題7 次の図のような、辺 AB = 13cm、辺 BC = 16cm とする長方形 ABCD と、辺 AB、辺 BC、辺 CD、辺 AD 上の点 E、点 F、点 G、点 H で囲まれた四角形 EFGH がある。今、点 E、点 F、点 G、点 H から辺 CD、辺 AD、辺 AB、辺 BC に垂線を引き、それぞれの交点を Q、R、O、P とすると、EO = 5cm、FP = 6cm となった。このとき、四角形 EFGH の面積はどれか。

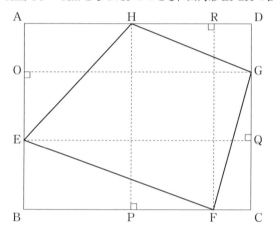

① 104cm²

② 119cm²

③ 124cm²

④ 134cm²

⑤ 149cm²

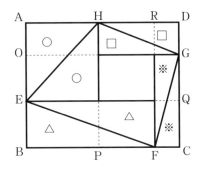

四角形 HEFG の内部の長方形の辺の長さは，OE と FP の長さに等しいので，5cm と 6cm です。

この部分を除くと，長方形 ABCD の残りの面積は，右の図でわかるように，四角形 HEFG の残りの面積の 2 倍になります。

よって，求める面積は，長方形 ABCD の面積から穴になる長方形の面積を引き，それを 2 で割って，割ったものに穴の長方形の面積を足したものになります。

$$(13 \times 16 - 5 \times 6) \div 2 = 89$$

$$89 + 30 = 119 \ (\mathrm{cm}^2)$$

解答のポイント

これも，「自分の都合のいい状態で考えよう」タイプの問題だ。だって，問題文は E，F，G，H の 4 点について，EO = 5cm，FP = 6cm とは指定しているけど，E の位置や，H の詳細な位置については，特に指定はないからね。こんな時は，E を B と重ねてしまう。また，H を A と重ねてしまうと，ほーら，面積を求めやすい図になったろう。

台形 EFGO と △ HOG に分けて，面積を出せばいい。台形 $EFGO = (6 + 16) \times 5 \times \dfrac{1}{2} = 55$。$\triangle HOG = 8 \times 16 \times \dfrac{1}{2} = 64$。最後はそれを加えて，$55 + 64 = 119$ だ！　こうすれば簡単に求められるね！

正解 2

図形の中の面積②

> **問題 8** 図のように，同じ大きさの正方形5個を並べ，両端の正方形の一辺を延長した直線と各正方形の頂点を通る直線を結んで台形ABCDを作ったところ，辺ABの長さが12cm，辺CDの長さが4cmとなった。このとき，台形ABCDの面積は正方形1個の面積の何倍となるか。

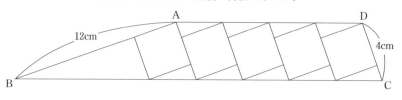

1 7倍

2 7.5倍

3 8倍

4 8.5倍

5 9倍

下の図で，AD∥BC，Ax∥DC より，四角形 AxCD は平行四辺形なので，

$\quad$ A$x = 4$cm

したがって，

$$\triangle \text{AB}x = \frac{1}{2} \times 12 \times 4 = 24 \ (\text{cm}^2)$$

また，正方形の一辺を a とすると，同じ面積は，

$$\triangle \text{AB}x = \frac{1}{2} \times 12 \times a + \frac{1}{2} \times 4 \times a = 8a \ (\text{cm}^2)$$

とあらわすことができます。

$\quad$ したがって，$8a = 24$ より $a = 3$ となり，正方形の面積は 9cm^2 となります。

$\quad$ 台形の面積は，平行四辺形 AxCD を 8 分割し，△AxE × 8 の和として求める。

$$24 + \frac{1}{2} \times 4 \times 3 \times 8 = 24 + 48 = 72 \ (\text{cm}^2)$$

ですから，

$\quad$ $72 \div 9 = 8$（倍）

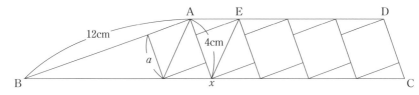

セクション

7

図形

解答のポイント

$\quad$ いろんな求め方があると思うけど，正方形の一辺の長さを出すことが先決だ。そのためにまずは，直角三角形と平行四辺形に分割しよう。それが，解説文の △ ABx と ▱ AxCD だね。直角三角形の方は底辺 12cm，高さ 4 cm なので，面積はすぐに出る。平行四辺形の方は，正方形の対角線を補助線として入れていけば，底辺が 4 cm，高さが正方形の一辺の合同な三角形 8 個分に別れるのがわかるかな？つまり，正方形の一辺の長さがわかれば，台形の面積も出るってわけ。補助線の入れ方がポイントだね！

正解 **3**

重要度 S

平成25年
国家一般職

制限時間 6分

問題演習
記録
1回目／□
2回目／□
3回目／□

図形の中の面積③

問題9 AB = 4cm，BC = 5cm，CA = 3cm の三角形がある。この三角形に図のように長方形 PQRS を内接させる。長方形 PQRS の面積が最大となるときの辺 PQ の長さはいくらか。

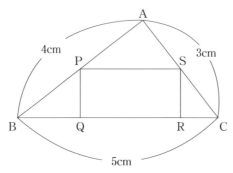

1 1cm

2 $\dfrac{6}{5}$ cm

3 $\dfrac{3\sqrt{3}}{4}$ cm

4 $\dfrac{3}{2}$ cm

5 $\dfrac{25}{12}$ cm

　△ABC は直角三角形であり，△QBP，△RSC はともに△ABC と相似なので，辺の長さの比は右の図のようになります。

　PQ を x とすると，長方形 PQRS の面積は，

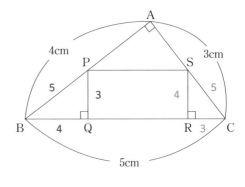

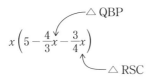

$$x\left(5 - \frac{4}{3}x - \frac{3}{4}x\right)$$

となります。

$$x\left(5 - \frac{4}{3}x - \frac{3}{4}x\right) = x\left(5 - \frac{25}{12}x\right) = -\frac{25}{12}\left(x - \frac{6}{5}\right)^2 + 3$$

　よって，四角形 PQRS の面積が最大となる PQ の値は，$\frac{6}{5}$cm

解答のポイント

　まずは，△ABC の三辺の長さを見ると，3, 4, 5 になっているから，これは∠A が直角な直角三角形だ！　って気づいて欲しい（三平方の定理が成立するからね）。次に，PQ の長さを x と置き，△PQB ∽△CAB なので，相似比から，$x : 3 = \mathrm{PB} : 5 \rightarrow \mathrm{PB} = \frac{5}{3}x$，また，△APS ∽△ABC より，

$\mathrm{AP} : 4 = \mathrm{PS} : 5 \rightarrow \mathrm{PS} = \frac{5\mathrm{AP}}{4}$ ここで，$\mathrm{AP} = 4 - \mathrm{PB}$ だから，

$\mathrm{PB} = \frac{5}{3}x$ を代入して，$\mathrm{PS} = \frac{5}{4} \times \left(4 - \frac{5}{3}x\right) = 5 - \frac{25}{12}x$

　長方形の面積は，

$x \times \left(5 - \frac{25}{12}x\right) = -\frac{25}{12}x^2 + 5x$ これを平方完成すると，

$-\frac{25}{12}\left(x^2 - \frac{60}{25}x\right) = -\frac{25}{12}\left\{\left(x - \frac{30}{25}\right)^2 - \left(\frac{30}{25}\right)^2\right\}$ これで，

$x = \frac{30}{25} = \frac{6}{5}$ で面積は最大になるね。平方完成についてはよく復習しておこう！

セクション
⑦
図形

正解 **2**

立体の切断

問題
10 一辺の長さが3cmの立方体があり，この立方体に図のような上面から底面
に貫通する直方体状の穴をあける。この立体を，頂点A，F，Hを通る平
面で切断するとき，頂点Eを含む立体の体積はいくらか。

なお，ADとIL，CDとKLはそれぞれ平行である。

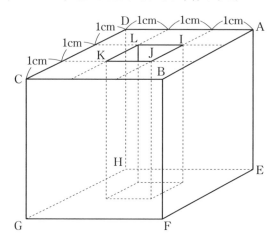

1 $\dfrac{23}{6}$cm³

2 4cm³

3 $\dfrac{25}{6}$cm³

4 $\dfrac{13}{3}$cm³

5 $\dfrac{9}{2}$cm³

問題の立体は三角錐 AEFH から穴の部分を引いたものです。

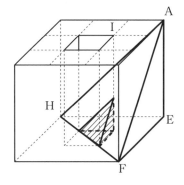

三角錐 AEFH の体積は，底面を △AFE とすると，高さが AD ですから，

$$\frac{1}{3} \times \frac{1}{2} \times 3 \times 3 \times 3 = \frac{9}{2} \ (\text{cm}^3)$$

です。

次に，穴の部分は平面図（真上から見た図）で考えます。

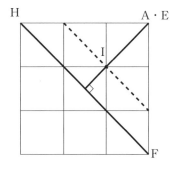

底面は 1 辺は 1cm の直角二等辺三角形で，面積は，$\frac{1}{2}\text{cm}^2$ です。

高さは I を通る鉛直線上に出ますから，I をとおり対角線 HF に平行な線を引くと，辺 AH（辺 AF）の $\frac{1}{3}$ のところを通るので，高さは立方体の $\frac{1}{3}$（高さ 1cm）になります。

よって，穴の体積は，

$$\frac{1}{3} \times \frac{1}{2} \times 1 = \frac{1}{6} \ (\text{cm}^3)$$

以上より，求める立体の体積は，

$$\frac{9}{2} - \frac{1}{6} = \frac{26}{6} = \frac{13}{3} \ (\text{cm}^3)$$

解答のポイント

空間図形において，イメージすることより大事なことは，分析する力だ。頂点 AFH を通る平面で切断すると，A－FEH の三角錐があらわれるね。さらに，この立体にはもともと，中央に四角柱状の穴が開いていたので，その穴も一緒に切断するから，三角錐の内側に，ミニチュア版の三角錐の穴ができている状態だ。穴の部分と外側の部分は相似だから相似比 1：3 から底面は一辺が 1 の三角形，高さも相似比から，1 の三角錐。だから，体積は，$\left(1 \times 1 \times \frac{1}{2}\right) \times 1 \times \frac{1}{3} = \frac{1}{6}$ だ。意外と簡単に解けたね。

セクション **7** 図形

正解 **4**

平成25年
東京都

制限時間 ⏳ 6分

問題演習
記録

空間内の距離

問題 11　下図のように，同じ大きさの4個の立方体で作った立体Xがある。下図の
ア～オのうち，立体Xの頂点Aと頂点Bを結ぶ線分AB及び頂点Bと頂
点Cを結ぶ線分BCの長さの和が最も大きいものとして，正しいのはどれか。

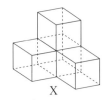

X

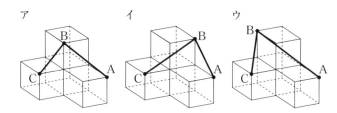

ア　　　　　　　　イ　　　　　　　　ウ

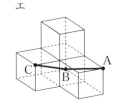

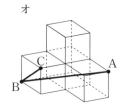

エ　　　　　　　　オ

①　ア

②　イ

③　ウ

④　エ

⑤　オ

与えられた立体において，立方体の 1 辺を x とすると，示されている線分の特徴は，

①正方形の対角線（$\sqrt{2}\,x$）

②立方体の対角線（$\sqrt{3}\,x$）

③正方形を 2 つ横に並べた長方形の対角線（$\sqrt{5}\,x$）

④立方体を 2 つ横に並べた直方体の対角線（$\sqrt{6}\,x$）

⑤立方体を 4 つ並べた正四角柱の対角線（$3x$）

の 5 種類です。

ア：① ＋ ② $\sqrt{2}\,x + \sqrt{3}\,x$

イ：① ＋ ③ $\sqrt{2}\,x + \sqrt{5}\,x$

ウ：② ＋ ④ $\sqrt{3}\,x + \sqrt{6}\,x$

エ：③ ＋ ④ $\sqrt{5}\,x + \sqrt{6}\,x$

オ：① ＋ ⑤ $\sqrt{2}\,x + 3x$

アとイではイのほうが長く，イとエではエのほうが長い。また，ウとエではエのほうが長いので，エとオの長さを比べることで，長さの和が最も大きいものがわかります。

エとオをそれぞれ 2 乗して比べてみましょう。

エの 2 乗：$(\sqrt{5}\,x + \sqrt{6}\,x)^2 = 11x^2 + 2\sqrt{30}\,x = 11x^2 + \sqrt{120}\,x$

オの 2 乗：$(\sqrt{2}\,x + 3x)^2 = 11x^2 + 6\sqrt{2}\,x = 11x^2 + \sqrt{72}\,x$

したがって，エの長さの和が最も大きいとわかります。

> $a>0$，$b>0$ のとき，$a>b \Leftrightarrow a^2>b^2$ がいえます。

セクション **7** 図形

解答のポイント

　立体の頂点を結んだ直線の長さに関する問題だね。本問は AB ＋ BC の長さが最も長いものはどれか。だから，これは実際に長さを求めていくしかない。AB にしろ，BC にしろ，それらを斜辺とするような直角三角形を作って，それぞれに三平方の定理を利用して求めるんだね。例えば，アの選択肢だったら，BC は正方形の対角線の長さだとすぐわかる。そして，AB は正方形の対角線を底辺として，正方形の一辺を高さとする，直角三角形の斜辺と考えれば，求められるよね。他の選択肢もそれぞれ，AB，BC を斜辺とする直角三角形を見つけ出そう！

正解 **4**

平成25年
裁判所職員 | 制限時間 ⏳5分 | 問題演習
記録

回転体

問題
12

1辺の長さが1cm の正方形を下図のように5個組み合わせた図形を軸 ℓ の
まわりに1回転させてできる立体の体積と表面積はそれぞれいくらか。

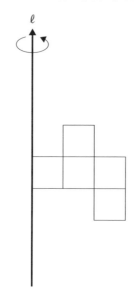

	体積	表面積
❶	$17\pi\mathrm{cm}^3$	$29\pi\mathrm{cm}^2$
❷	$17\pi\mathrm{cm}^3$	$40\pi\mathrm{cm}^2$
❸	$18\pi\mathrm{cm}^3$	$29\pi\mathrm{cm}^2$
❹	$18\pi\mathrm{cm}^3$	$36\pi\mathrm{cm}^2$
❺	$18\pi\mathrm{cm}^3$	$40\pi\mathrm{cm}^2$

体積は簡単に求められますが，表面積は円の内側も加えることを忘れないように注意します。

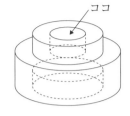

ココ

体　積：上：$(4\pi - \pi)\mathrm{cm}^3$
　　　　中：$9\pi\mathrm{cm}^3$　　　｝合計 $17\pi\mathrm{cm}^3$
　　　　下：$(9\pi - 4\pi)\mathrm{cm}^3$

側面

○ ○ ▭ ▭

表面積：上：$4\pi - \pi + 2\pi + 4\pi = 9\pi$

○ ○ ○ ▭

　　　　中：$\pi + 9\pi - 4\pi + 6\pi = 12\pi$　　｝合計 $40\pi\mathrm{cm}^2$

○ ▭ ▭ ◎

　　　　下：$4\pi + 4\pi + 6\pi + 5\pi = 19\pi$

セクション

7

図形

解答のポイント

　出た！　回転体の体積！　しかも，本問は表面積のおまけつき！　こりゃ大変そうだね。まあ，コツコツやっていこう。まず，図形を軸のまわりに回転するとどんな立体があらわれるかを考えよう。すると，大小のドーナツ状のものが上下に重なっているような立体があらわれるね。体積は外側の円柱から，内側の円柱を引けば求められるけど，表面積はちょっとやっかいだね。上面，側面，底面……と別々に出していこう。そして，内側の面も加えることを忘れずに！！

正解 **2**

水槽の水位

問題 13
図Ⅰのように，底面の半径が4cmの円筒に，ある高さまで水が入っている。いま，図Ⅱのように，一辺の長さが4cmの正方形を底面とする四角柱を，底面を水平に保ったままこの水中に沈めていったとき，水面の位置が3cm高くなった。このとき，四角柱の水につかっている部分の高さはいくらか。

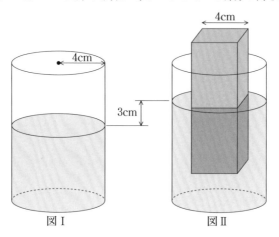

図Ⅰ   図Ⅱ

① $3\pi - 3$cm

② $4\pi - 4$cm

③ 3πcm

④ $3\pi + 3$cm

⑤ 4πcm

水位が上昇した分の体積を求めます。

$$\pi \times 4^2 \times 3 = 48\pi \ (\text{cm}^3)$$

この分だけ四角柱が水を押しのけているのだから，四角柱の水に入っている部分の体積に等しいです。

よって，

$$48\pi \div (4 \times 4) = 3\pi \ (\text{cm})$$

> 　この問題はシンプルだったね。
> 「四角柱の入った部分の底面積は……」など考え出すと大変だから，水と水に入った部分の体積の和が上がった水面分の体積という単純な関係を十分理解しておこう。
> 　中には，円錐を沈めていったり，直方体を組み合わせた立体を沈めていったりする問題もあるけど，この問題と同じようにシンプルな関係を利用して解くことができるよ。

解答のポイント

> 　昔，アルキメデスが王冠の体積を求めるのに，風呂に入って，こぼれたお湯をみて，その方法を思いつき，裸で飛び出した！　なんて逸話があるけど，この問題もアルキメデスなら簡単だね。結局「水につかっている部分の体積＝上昇した分の水の体積」だからね。みんなも解けた喜びのあまり，裸で飛び出さないように。（笑）

正解 **3**

角の二等分線の性質の利用

問題 14 次の図のように，直角三角形 ABC の∠BAC の二等分線と辺 BC との交点を D とする。AB を 2，BD を 1 とするとき，直角三角形 ABC の面積はどれか。

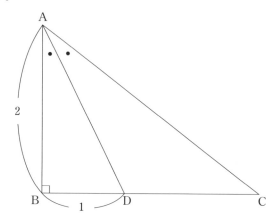

❶ $\dfrac{11}{3}$

❷ $\dfrac{10}{3}$

❸ 3

❹ $\dfrac{8}{3}$

❺ $\dfrac{7}{3}$

この問題は，右の図の角の二等分線の性質
（定理）を用います。

問題にある図で，角の二等分線の性質より，

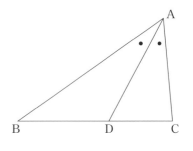

$$AB : AC = BD : DC$$
$$2 : AC = 1 : DC$$
$$AC = 2DC$$

これより，$DC = x$ と置くと，$AC = 2x$ と表せます。

したがって，直角三角形 ABC において，三平方の定理を用いると，

$$2^2 + (x + 1)^2 = (2x)^2$$
$$3x^2 - 2x - 5 = 0$$
$$(3x - 5)(x + 1) = 0$$
$$3x - 5 = 0, \quad x + 1 = 0$$

$x > 0$ より，

$$x = \frac{5}{3}$$

したがって，求める面積は，

$$\frac{1}{2} \times \left(1 + \frac{5}{3}\right) \times 2$$
$$= \frac{8}{3}$$

解答のポイント

　まずは，この図形を見て気づくのは，∠A が 2 等分されている点だね。これは，きっと「角の二等分線の性質」を使わせようとしているね。「角の二等分線の性質」を使えば，$AB : AC = BD : DC$ とわかる。$2 : AC = 1 : DC$ だ。ここから $AC = 2DC$ がいえるね。$DC = x$ と置けば，$AC = 2x$（①）。また，三平方の定理から，$AC^2 = (x + 1)^2 + 2^2$（②）の式も完成する。①と②の連立方程式を解くと，$x = \frac{5}{3}, -1$ の値が出るけど，x は図形の一部の長さだから，マイナスの値はないよね。だから $x = \frac{5}{3}$ だ！　ここまでくれば面積はもう出せるよね。ああ，「角の二等分線の性質」って素晴らしい！

正解 **4**

軌跡の長さ

問題 15

下図のように，平らな床面に置いた一辺の長さ a の立方体を，立方体の面と同じ大きさの正方形のマス目 A ～ E の上を滑ることなく A, B, C, D, E の順に90°ずつ回転させた。このとき，立方体の頂点Pが描く軌跡の長さとして，正しいのはどれか。ただし，円周率は π とする。

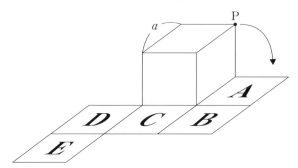

1 $2\pi a$

2 $\dfrac{5}{2}\pi a$

3 $\left(2 + \dfrac{\sqrt{2}}{2}\right)\pi a$

4 $(2 + \sqrt{2})\pi a$

5 $(2 + 2\sqrt{2})\pi a$

　まず，点Pの軌跡を把握します。右図の○は立方体の1辺の長さaだけ真上に点Pがあることを意味し，●はその場所に点Pがあることを意味しています。

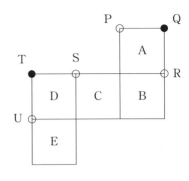

　点Pは，最初点Qに移動し，半径aの90°の弧を描きます。

　続いて，点Rへは半径aの90°の弧，点Sへは正方形の対角線の長さの$\sqrt{2}\,a$の半径で90°の弧を描きます。

　次に，点Tへは半径aの90°の弧，最後に点Uへは半径aの90°の弧を描きます。

　ここで，どのような半径で弧を描くのか，そして選択肢はどのような数値があるのかをチェックしてみると，平方根（ルート）の数があることから，半径$\sqrt{2}\,a$で90°の弧の長さを求めるだけで解答することができることがわかります。

　つまり，

$$2 \times \sqrt{2}a \times \pi \times \frac{1}{4} = \frac{\sqrt{2}}{2}\pi a$$

となり，選択肢を1つに絞ることができます。

　因みに，詳細に解答すると，半径aでは合計360°の弧となることから，

$$2 \times a \times \pi + \frac{\sqrt{2}}{2}\pi a = \left(2 + \frac{\sqrt{2}}{2}\right)\pi a$$

セクション **7** 図形

解答のポイント

　「さいころ転がし ＋ 軌跡」の問題だ。軌跡は「転がりの中心，半径，角度」の3点に注目して解く！　っていうのがセオリーだ。本問の場合，ころがりの角度に関しては常に90°だから，中心，半径に注目すればいいね。1回転ごとにPの位置がどこに動いているかを注意してね。上から見たり，前から見たり，方向を変えてみると，わかりやすいよ！

正解 **3**

平成24年
国家一般職

制限時間 ⏳3分

問題演習
記録
1回目 □
2回目 □
3回目 □

立体の表面上の最短距離

問題16 図のように，底面が直径1の円で，かつ高さが4πの円柱に，ひもを底面の点Bから直上の点Aまで等間隔の螺旋状に巻いていったところ，ちょうど4周したところで巻き終わった。

　このひもを用いて円を作ったとき，その面積はいくらか。

1. $4\sqrt{2}\,\pi$

2. 8π

3. $8\sqrt{2}\,\pi$

4. 12π

5. $12\sqrt{2}\,\pi$

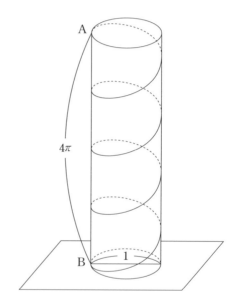

底面の直径 1，高さ 4π の円柱に，点 B から真上の点 A まで，等間隔で螺旋状にひもを巻いて，ちょうど 4 周したということから，螺旋状の 1 周分である円柱の 4 分の 1 の高さで切断した円柱で検討します。

底面の直径 1，高さ π の円柱となるので，この円柱の側面の展開図は，縦 π，横 π（底面の円周の長さ）の正方形となります。この正方形の対角線の長さがひもの長さとなるので，ここまでのひもの長さは $\sqrt{2}\,\pi$ です。

したがって，全体のひもの長さはこれの 4 倍ですから $4\sqrt{2}\,\pi$ となります。

このひもを用いて円を作ったときの半径を r とすると，円周が $4\sqrt{2}\,\pi$ なので，

$$2\pi r = 4\sqrt{2}\,\pi$$

より，

$$r = 2\sqrt{2}$$

したがって，この半径を用いて円の面積を求めると，

$$\pi(2\sqrt{2})^2 = 8\pi$$

セクション **7** 図形

解答のポイント

立体の周りをひもが回っている問題だね。この手の問題は立体のままで考えるのではなく，展開図で考えるのがセオリーだ。本問の場合，円柱の側面しかひもは通ってないので，側面の展開図を考える。すると，底辺 π（底面の円周の長さ），高さ 4π の長方形になる。さらに，本問は 4 周しているということなので，その展開図を横に 4 枚つなげる。すると，一辺が 4π の正方形になる。このとき，ひもの長さは正方形の対角線になるから，ひもの長さ $= 4\sqrt{2}\,\pi$，このひもを用いて作る円とは，円周 $= 4\sqrt{2}\,\pi$ の円なので，$2\pi r = 4\sqrt{2}\,\pi$ を解くと，$r = 2\sqrt{2}$ だね。ここまでくれば，面積は任せたよ！　大事なことは，立体上で考えるのではなく，展開図を広げて考えるってこと！

正解 **2**

重要度 **S**

平成23年
特別区

制限時間 ⏳ **4分**

問題演習
記録 1回目 / ☐ 2回目 / ☐ 3回目 / ☐

三角形の辺の比と面積の比

問題 17 次の図のように，△ ABC の辺 AB 上の点 P から辺 AC 上の点 Q を通る直線を引き，この直線と辺 BC を延長した直線との交点を R とした。今，辺の長さの比が，PB：BC：CR：CQ：QA ＝ 2：3：1：1：2 であるとき，△ APQ の面積は△ CQR の面積の何倍か。

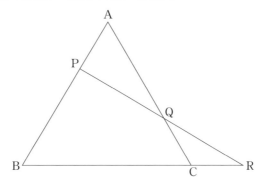

① $\dfrac{3}{2}$倍

② $\dfrac{5}{3}$倍

③ 2 倍

④ $\dfrac{7}{3}$倍

⑤ $\dfrac{5}{2}$倍

図形の凹部分の線分 AR を引き，三角形の面積と比の関係から計算します。

ここで，基準となる△CQR の面積を x と置くと，

$$\triangle QBC = 3x, \quad \triangle QRA = 2x, \quad \triangle ABQ = 6x$$

となります。

$$\triangle QRA : \triangle QBR = 2x : (3x + x) = 1 : 2$$

より，

$$AP : PB = 1 : 2$$

したがって，

$$\triangle APQ = \frac{1}{3} \times \triangle ABQ = 2x$$

よって，

$$2x \div x = 2 \,（倍）$$

> △QRA：△QBR＝AP：PB
> になる説明をしておくね。
> 2つの三角形の底辺を共通な QR とすると，高さの比は，AP：PB に
> なるね。だから，1 行目の比例式が成り立つよ。

解答のポイント

いかにも「メネラウスの定理」を使わせようとしている図形だね。えっ？「メネラウスの定理」を知らない？それは，大変だ，急いで確認しておこう。「メネラウスの定理」さえ使えば，$\dfrac{AP}{PB} \times \dfrac{BR}{RC} \times \dfrac{CQ}{QA} = 1$ となるはず。この式にわかっている数字を代入すると，$\dfrac{AP}{2} \times \dfrac{4}{1} \times \dfrac{1}{2} = 1$，よって，AP＝1 となる。さらに，△CQR の面積を S とすると，RC：CB＝1：3 より，△BCQ＝3S となる（高さの等しい三角形の面積比 ＝ 底辺の比だね！）。また，CQ：QA＝1：2 より，△BQA＝6S となり，AP：PB＝1：2 より，△AQP＝6S×$\dfrac{1}{3}$＝2S となって，△AQP は△CQR の面積の 2 倍とわかる！　ああ，メネラウスの定理（P231 参照）って素晴らしい！

正解 **3**

平成23年
東京都

制限時間 5分

問題演習
記録

1回目 ／ □
2回目 ／ □
3回目 ／ □

正三角形に内接する円の面積

問題
18

右図のように，大きい円が一辺の長さ $2a$ の正三角形に内接し，小さい円が正三角形の二辺と大きい円とに接しているとき，大きい円と小さい円の面積の計として，正しいのはどれか。

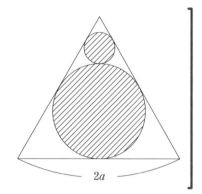

$2a$

❶ $\dfrac{5}{18}\pi a^2$

❷ $\dfrac{5}{27}\pi a^2$

❸ $\dfrac{10}{27}\pi a^2$

❹ $\dfrac{5}{54}\pi a^2$

❺ $\dfrac{25}{54}\pi a^2$

小さい円の中心を O_1，大きい円の中心を O_2 とし，円と正三角形の接点を下の図のように点 B，C とします。また，円と円が接する点を P とします。

$\angle CAO_2 = 30°$ なので，直角三角形 CAO_2 は 30° 60° の角を持つ直角三角形です。辺 AC は正三角形の一辺の半分なので a になります。

したがって，

$$CO_2 = a \times \frac{1}{\sqrt{3}} = \frac{\sqrt{3}}{3}a = PO_2$$

$$AO_2 = a \times \frac{2}{\sqrt{3}} = \frac{2\sqrt{3}}{3}a$$

このことから，

$$AP = AO_2 - PO_2$$
$$= \frac{\sqrt{3}}{3}a$$

これより，$\triangle APD$ の辺の比から，

$$DP = \frac{\sqrt{3}}{6}a, \quad AD = \frac{1}{2}a$$

したがって，小さい円 O_1 の半径を x とすると，$\triangle AO_1B \backsim \triangle APD$ より，

$$x : \frac{\sqrt{3}}{6}a = \left(\frac{\sqrt{3}}{3}a - x\right) : \frac{\sqrt{3}}{3}a$$
$$x = \frac{\sqrt{3}}{9}a$$

よって，大きい円 O_2 と小さい円 O_1 の面積の計は，

$$\pi\left(\frac{\sqrt{3}}{3}a\right)^2 + \pi\left(\frac{\sqrt{3}}{9}a\right)^2$$
$$= \frac{10}{27}\pi a^2$$

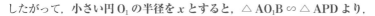

セクション **7** 図形

解答のポイント

三角形に内接する円「内接円」の問題だ。三角形には「三心」内心，外心，重心があり，公務員試験ではこの「三心」に関する問題は頻出問題だ。特に，正三角形においては，**内心 = 外心 = 重心だ！** 図形の問題では，このことがよく利用されるよ！ この機会にもう一度，内心，外心，重心の求め方やその特徴を確認しておこう。

 正解 **3**

平成23年
国家Ⅱ種 | 制限時間 ⏳ 4分 | 問題演習
記録 | 1回目 ／ ☐ 2回目 ／ ☐ 3回目 ／ ☐

正方形に内接する円の半径

問題 19 図のように，半径2の円に内接する正方形の対角線上に，互いに接するように等しい大きさの小円を三つ並べ，かつ，両端の円が正方形の2辺に接するように描くとき，この小円の半径として正しいのはどれか。

① $2\sqrt{2} - 2$

② $\dfrac{2}{3}$

③ $\dfrac{4 - \sqrt{2}}{4}$

④ $2 - \sqrt{2}$

⑤ $\dfrac{2 - \sqrt{2}}{2}$

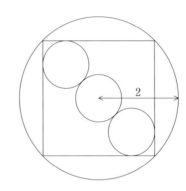

　求める**小円の半径を x とします**。半径 2 の円の中心を P とし，下の図のように，小円の接点を Q，正方形に接する円の中心を R，正方形と外側の円との接点を S とします。すると，PS の長さは 2，RS は $\sqrt{2}\,x$ なので，PS の長さの関係の式は，

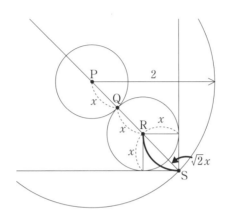

$$2x + \sqrt{2}\,x = 2$$

$$x = \dfrac{2}{2+\sqrt{2}}$$

$$= \dfrac{2}{2+\sqrt{2}} \times \dfrac{(2-\sqrt{2})}{(2-\sqrt{2})}$$

分母の有理化

$$= 2 - \sqrt{2}$$

解答のポイント

　小円の半径を x とする。大円の半径は 2。ここで，問題になってくるのは隅の部分だよね。詳しくは解説を見てもらいたいけど，一辺が x の正方形を隅に作って，その対角線の長さ（RS）を出すと，それは $\sqrt{2}\,x$，PS $= x + x +$ $\sqrt{2}\,x = 2$，を利用して x を出す。その際，分母に $\sqrt{\ }$ があらわれるので，分母を有理化することも忘れずに！

正解 **4**

重要度
S

平成22年
特別区

制限時間 ⏳5分

問題演習
記録

1回目 ／ □
2回目 ／ □
3回目 ／ □

円の共通接線

問題
20

次の図のように，半径 3cm の円と半径 6cm の円が点 C で接している。2つの円に接する 3 本の接線の交点を O，A，B とするとき，AB の長さはどれか。

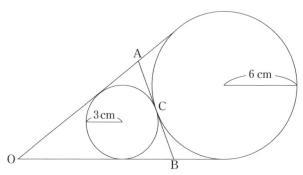

1 $3\sqrt{6}$ cm

2 $6\sqrt{2}$ cm

3 9 cm

4 $4\sqrt{6}$ cm

5 $6\sqrt{3}$ cm

与えられた図に，次の図のように補助線を引き，記号を付けます。

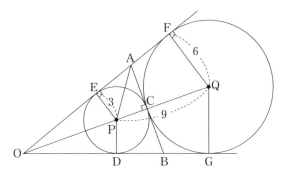

$\triangle$ EOP ∞ $\triangle$ FOQ　の相似比 1：2 より，

　　OP＝PQ＝9（cm）

$\triangle$ EOP において，三平方の定理より，

　　OE＝$6\sqrt{2}$（＝EF）（cm）　……①

ここで，1 つの円に対して，円外の点から接点までの長さは等しいことから，

　　AE＝AC　……②

　　AF＝AC　……③

②と③より，

　　AE＝AF（＝AC）＝$3\sqrt{2}$　……④

$\triangle$ DOP ∞ $\triangle$ GOQ も同様なので（OQ を対称軸とした線対称ともいえます），

　　AC＝BC　……⑤

④と⑤より，

　　AB＝$6\sqrt{2}$（cm）

解答のポイント

　大円と小円の二つの円が接していて，そこに向かって接線が伸びている問題だ。これは「接線の性質」を利用する。接線の性質とは，「円の接線と中心と接点を結んだ直線は垂直になる」っていうことと，「円から離れた 1 点から円に向かって伸ばした 2 本の接線の長さは等しい」っていうことだね。だから本問の場合，AO⊥PE になるし，FO⊥QF になる。また，OE＝OD，OF＝OG もいえる。

　あと，ちょっとわかりにくいけど，AC⊥PC，AE⊥PE，AE＝AE＝AF もいえるからね。これは，接線の問題では必ず使う性質だから，しっかり意識しよう！

正解 **2**

接線の性質

点 B，C が円上の点，点 A が点 B における円の接線と点 C における円の接線の交点とすると

$$AB = AC$$

が成り立ちます。

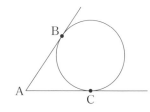

三角形の内心

三角形の 3 つの内角の二等分線は，1点で交わり，その点から 3 辺までの距離は等しい。

この 1 点で交わった点 I を三角形の内心といいます。

内心 I を中心として，半径 IL の円が三角形の内接円です。

$$IL = IM = IN$$

$$IL \perp BC,\ IM \perp AC,\ IN \perp AB$$

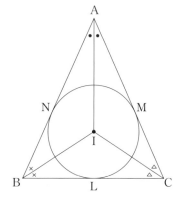

三角形の外心

三角形の 3 辺の垂直二等分線は，1 点で交わり，その点から各頂点までの距離は等しい。

この 1 点で交わった点 O を三角形の外心といいます。

外心 O を中心として，半径 OA の円が三角形の外接円です。

$$OA = OB = OC$$

$$OL \perp BC,\ OM \perp AC,\ ON \perp AB$$

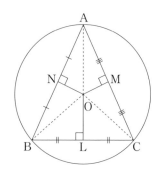

三角形の重心

　三角形の3つの中線は1点で交わり，その交点は中線を2：1の比に分ける。

　この1点で交わった点Gを三角形の重心といいます。

$$AG : GD = BG : GE = CG : GF$$
$$= 2 : 1$$

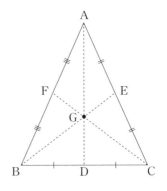

特殊な直角三角形の3辺の比

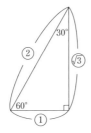
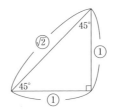

三平方の定理

直角三角形において，$a^2 + b^2 = c^2$

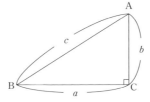

メネラウスの定理

$$\frac{AD}{DB} \times \frac{BF}{FC} \times \frac{CE}{EA} = 1$$

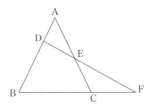

伊藤塾（いとうじゅく）

　公務員試験や司法試験、司法書士試験、行政書士試験など法律科目のある資格試験の合格者を多数輩出している受験指導校。合格・内定後を見据えた受験指導を行い、合格実績には定評がある。塾長は、カリスマ講師として名高い伊藤真。

　公務員試験科では、国家公務員総合職試験において多くの塾生が難関の官庁訪問を突破し、高い内定率を誇る。

　1995年5月3日憲法記念日に、法人名を「株式会社　法学館」として設立。憲法の理念を広めることを目的とし、憲法の心と真髄をあまねく伝えること、また、選挙における一人一票を実現し、日本を真の民主主義国家にするための活動を行っている。

　公務員試験関連の著作として、『伊藤塾の公務員試験「面白いほど」シリーズ』（KADOKAWA）などがある。

　伊藤塾　https://www.itojuku.co.jp/

公務員試験過去問トレーニング　伊藤塾の　これで完成！　数的推理

2020年4月24日　初版発行

著者／伊藤塾

発行者／川金　正法

発行／株式会社KADOKAWA
〒102-8177　東京都千代田区富士見2-13-3
電話　0570-002-301（ナビダイヤル）

印刷所／大日本印刷株式会社

©Ito-juku 2020　Printed in Japan
ISBN 978-4-04-604021-3　C0030